教育部人文社会科学研究规划基金项目
"翻译符号学研究"（23YJA740027）最终成果

翻译符号学

吕红周　著

ZHEJIANG UNIVERSITY PRESS
浙江大学出版社
·杭州·

图书在版编目（CIP）数据

翻译符号学 / 吕红周著. -- 杭州：浙江大学出版
社, 2025. 6. -- ISBN 978-7-308-26210-1

Ⅰ. H059

中国国家版本馆 CIP 数据核字第 2025V135P2 号

翻译符号学

吕红周 著

责任编辑	田 慧	
责任校对	仝 林	
封面设计	周 灵	
出版发行	浙江大学出版社	
	（杭州市天目山路 148 号　邮政编码 310007）	
	（网址：http://www.zjupress.com）	
排　　版	杭州朝曦图文设计有限公司	
印　　刷	杭州钱江彩色印务有限公司	
开　　本	710mm×1000mm　1/16	
印　　张	11.25	
字　　数	166 千	
版 印 次	2025 年 6 月第 1 版　2025 年 6 月第 1 次印刷	
书　　号	ISBN 978-7-308-26210-1	
定　　价	60.00 元	

一定要有耐心,因为只有经过漫长的等待,果实才能成熟。

——C. S. Peirce (*CP* 1. 521)

序

　　我曾表达过这样的观点:"以符号学的观点观照,一切人类的文化现象和精神活动都是在运用符号的方式来表达人类的各种成果及人类存在的意义。"(王铭玉,2011:157)符号学经过一个多世纪的发展,已经成为人文社会科学的方法论。从1994年中国语言与符号学研究会成立,符号学在我国经历了迅速发展,学会、刊物、人才培养、学科建设、基地建设、国际交流等都取得了令人振奋的成绩,语言符号学、文化符号学、电影符号学、音乐符号学、翻译符号学等众多符号学分支学科呈现百花齐放的发展态势,中国正在迅速成为世界符号学新的研究中心之一。

　　在写作《语言符号学》《现代语言符号学》《符号学论略》《符号学思想论》等著作的过程中,我一直在思考,如果把涉及符号转换的翻译纳入视野,语言符号学研究将会得到进一步拓展和深入。我先后发表了《翻译符号学刍议》《翻译符号学的学科内涵》《从语言符号学到翻译符号学》《翻译符号学视域下的符号守恒》《雅各布森六功能之翻译符号学剖析》《翻译符号学的名与实》等论文,表达了我对翻译符号学的一些理论思考。

　　此时,一部重要著作的书稿摆在了我的面前,它就是《翻译符号学》。其作者红周博士是较早参与翻译符号学理论建构和实践探索的年轻学者之一,该书是他2023年教育部人文社会科学研究规划基金项目"翻译符号学研究"的成果,是他过去十年对翻译符号学持续性思考的集中体现。浏览书稿发现,他在我们预想的框架下做出了积极的探索,虽然翻译符号学要想成为一门独立学科,尚需继续充实和完善,但这种努力值得肯定和鼓励。据我掌握的资料来看,这本书是国内该领域的第一部专著,我很愿意把我阅读后的思想梳理在这里,并介绍给大家,便于读者在短时间内把握全书的脉络。

《翻译符号学》一书旨在探索作为符号学分支学科的翻译符号学的可能样态,全书分为上编"翻译符号学学科史探源"、中编"翻译符号学理论建构"和下编"翻译符号学应用探索",具体由"国外翻译符号学发展简史""国内翻译符号学发展简史""翻译符号学的合法性基础""翻译符号学的本体论研究""翻译符号学的方法论研究""翻译符号学的认识论研究""符际翻译与多模态翻译"七章构成。一门独立学科应有自己遵循的主要规律和方法、独立的研究对象、清晰的学科边界,学者们遵循相同的研究范式,使用相近的研究方法、统一的学科术语,回答其他学科不能回答的问题,体现出学科聚合性和研究共相。总而言之,学科史、本体论、方法论、认识论、目的论是一门独立学科的基础。系统思考和准确定位翻译符号学的研究领域、学科边界、研究对象以及核心概念,进而消除怀疑,统一认识,无疑会帮助我们增强学科意识,推动跨学科和超学科研究不断深入。

上编共两章,从国外、国内两个维度按照历时发展顺序梳理翻译符号学发展脉络,为翻译符号学寻根溯源。学科史是对一门学科理论来源的集中检阅,对于该学术共同体形成学科共识、创建学科术语体系和话语体系、发展和应用学科研究方法、完善学科批评理论具有重要的基础性意义。国外翻译符号学发展分为三个时期,即理论预备期、思想结合期和学科创建期,作者分别梳理和分析了各时期代表性学者如皮尔斯、维尔比夫人、莫里斯等人的思想,回顾了雅各布森、图里、洛特曼等学者的学术轨迹,并围绕格雷、特洛普、哈塔玛-海诺宁等学者的观点做了全面总结和批判分析。国内方面,则分别从中国百年符号学发展概览、符号学与翻译学融合发展期、翻译符号学理论创建期三方面总结分析了中国符号学的发生和发展路径,为系统构建翻译符号学理论框架寻找理论依托。

中编由第三、四、五、六章组成。第三章为"翻译符号学的合法性基础",作者主要从(但不限于)学科史的角度,分别从翻译学和符号学视角审视翻译符号学的理论基础和底层逻辑,基于学科学深入讨论翻译符号学如何从符号学翻译研究发展为一门独立学科的可能性与合法性。

第四章从学科定位、研究对象、符号转换机制三个方面开展翻译符号学的本体论研究。具体而言,相关研究从借助符号学理论、方法开展脚注式、视角式的符号学翻译研究发展为拥有较完整学科体系(学科史、本体论、方法论、认识论)的符号学分支学科——翻译符号学。皮尔斯的符号活动概念是翻译学和符号学跨学科发展的学理依据:翻译的机制是符号活动,翻译的结果是符号生长和意义的层级化。

第五章是翻译符号学的方法论研究,作者指出了翻译符号学的研究特质,即跨学科性、历时与共时兼顾、描述与解释结合。翻译符号学天生就具有多学科基础,如翻译学、符号学、语言学、哲学、心理学、认知科学、文化学等,它符合翻译学多学科合作、跨学科整合发展路径的内在要求。同时,它强调了两个结合:一是历时描写与共时分析相结合,既重视对学科史的梳理和动态发展过程的分析,又加强多维度的对比分析;二是描述与解释相配合,既注重对翻译理论的描述,又强调对翻译本质、翻译规律的探索性分析。经过对翻译符号学三大研究特征的分析,本书确定了翻译符号学的主要研究方法:复杂方法与简单原则的辩证统一、科学推理方法、无限符号活动阐释法。

第六章从三个方面分析了翻译符号学的认识论,即知识的生产方式——符号活动、知识的存在方式——可错论、知识的理解方式——间性。符号世界是人与客观世界的唯一中介,人只能通过符号世界来认识客观世界。所谓的客观世界只不过是符号化的世界,人作为元符号动物通过符号化思维思考与认识世界,通过符号化行为把握和改造世界,通过符号化伦理去反思世界。翻译活动的跨语言、跨文化、跨文明的特质注定了其复杂性,所以任何囿于语言的探讨都不可能给出让人满意的答案。翻译符号学将汲取翻译学、语言学、符号学、生态学、哲学、心理学、人类学、信息论、控制论等多种科学的营养,以超学科为自己的发展方向,必将为翻译问题提供有效和科学的方法论指导。

下编包含一章,即第七章。第七章讨论分析翻译符号学应用的相关概念——符际翻译和多模态翻译。符际翻译概念的提出无疑扩展了翻译现象的边界,将之从传统的语言转换拓展至符号转换,符际翻译具有更广泛的理论阐释力、跨学科性、复杂性、综合性等特点。作者通过对模态定义、构成、作用、机制等的梳理发现,模态和符号在一定意义上具有内在一致性,如物质性、社会性、约定俗成性、表意性、动态性、生成性、可变性等。模态源于系统功能语言学,是在语言符号基础上对人类社会表意手段的拓展性研究,以认知、感官、神经系统、社会情景等为主要依据,限定在社会文化领域中,而符号则是一种更广泛的存在,不但人类使用符号,动物、植物、细菌、人工智能等领域也存在符号,即符号已经超出了人类社会,普遍存在于宇宙之中。

纵览全书,我觉得这部著作的最大创新在于提出了符际翻译模型。作者基于皮尔斯符号活动的概念提出了符际翻译模型,统筹了符号活动动因、符号表征、符号调节、符号转换、符号理解、意义层级化等概念,系统审视了翻译现象(涵盖翻译起点、翻译要素、翻译过程、翻译机制、翻译结果、翻译趋向等),尝试把借助符号学理论、方法解释翻译现象的脚注式、视角式符号学翻译研究,发展成一门涵盖学科史、本体论、方法论、认识论的具有较完整体系的符号学分支学科——翻译符号学。当然,由于红周先把主要精力花在了学科的理论构建上,翻译符号学的实践部分显得薄弱,但正如他所设计的那样,接下来他还要出版一部以实践为主的翻译符号学著作,真正使翻译符号学成为"大翻译学"的理论指导和实践利器。

一门独立学科的构建和形成是一个系统工程,需要学者的不懈探索和努力。任何成绩的取得除了需要敏锐的理论洞察力,还要保持科学探究所需的耐心,正如红周在本书所引用的皮尔斯的那句话:"一定要有耐心,因为只有经过漫长的等待,果实才能成熟。"翻译符号学是一个有诱人前景的新兴研究领域,值得我们展开深入的理论创新和应用探索,从而进一步拓展符号学的研究范围,丰富翻译学研究的理论视角。"正如当年索绪尔对符号学的预测一样,翻译符号学也应有它存在的合法权利"(王铭玉,2015:23),我们有理由相信,一门新兴的翻译符号学正在成长中,在众多学者的努力之下,翻译符号学定会取得令人振奋的新成绩。

中国逻辑学会符号学专业委员会主任委员
中国语言与符号学研究会会长
华南符号学研究中心主任、语言符号应用传播研究中心主任
王铭玉

缩略语表

The Collected Papers of Charles Sanders Peirce, CP

The Essential Peirce: Selected Philosophical Writings, EP

Unpublished Manuscripts. Peirce Edition Project, MS

Writings of Charles Sanders Peirce : A Chronological Edition, W

目 录
CONTENTS

下编　翻译符号学应用探索

上编 翻译符号学学科史探源

学科史是对一门学科理论来源的集中检阅,对于该学术共同体达成学科共识、创建学科术语体系和话语体系、发展和应用学科研究方法、完善学科批评理论具有重要的基础性意义。"翻译的历史就是人类文化的发展交流史。因此对翻译的研究,应以历史为本,着眼于翻译在历史空间的衍变进程,突破对某种翻译概念、翻译标准或翻译方法的局限性讨论,将其放到人类历史发展的长河中加以考察,理解翻译的本质、意义、价值、作用。"(许钧,2012:5)这一观点无疑也适用于翻译符号学学科史的研究,我们坚持翻译研究的历史发展观,将学科基础建立在全面深入的历史考察之上,与此同时,联系和思考现实的需要,积极吸收异质文化中的有益成分,在引进阐释的基础上,重点建构适应我国现实需要的理论体系、话语体系与学术体系,尝试突破局限、拓展内涵、融入世界。

我们始终坚持学科意识和理论意识,围绕建构翻译符号学这一核心任务,尝试从具有不同学科背景的学者的智慧中寻找关联,实现跨学科整合研究的设想。我们全面梳理国内外翻译符号学研究的发展脉络,详细论述核心代表人物的学术思想,厘清不同思想间的逻辑关系,批判分析以往研究的历史局限或理论不足,尝试书写翻译符号学学科史;以史实为据,整合国内外翻译符号学研究理论成果,界定术语体系、探究学科内涵、阐释学科交叉机制和研究方法,通过中外互鉴、交流、融通,尝试建构涵盖本体论、方法论、认识论的翻译符号学理论框架。

第一章

国外翻译符号学发展简史

本章全面梳理国外符号学与翻译学融合研究的历史,探索翻译符号学的知识基础、哲学思想、理论指称、交叉机制、学科内涵、研究方法和学科策略。我们采取历时研究方法,以各阶段的标志性事件为依据,将国外翻译符号学的发展史分为理论预备期(20 世纪初至 50 年代)、思想结合期(20 世纪 50 年代至 90 年代)和学科创建期(20 世纪 90 年代至今)三个阶段。在每个时期,我们深入分析三位最具代表性学者的学术思想和理论,总结归纳翻译符号学的思想基础和理论来源。

第一节 理论预备期

本节主要梳理和分析皮尔斯(Charles Sanders Peirce)、维多利亚·维尔比夫人(Victoria Lady Welby)以及莫里斯(Charles William Morris)的符号学理论。皮尔斯 1907 年提出的符号活动(semiosis)概念奠定了翻译符号学研究的基础,维尔比夫人的表意学丰富了符号活动过程观、动态意义观和伦理价值观,莫里斯受雅各布森(R. Jakobson)和米德(George Herbert Mead)的影响而发展起来的符号行为观、符号主体理论是翻译符号学理论预备期的重要思想来源。

一、皮尔斯

皮尔斯的符号活动、符号生长、意义层级理论等概念是翻译符号学理论建构的核心基础,其符号三元观、科学推理法、知识可错论(fallibilism)等则是翻译符号学方法论和认识论的重要组成部分,"符号通过翻译成为另一个符号"(*CP* 5.594①)给我们提供了符号与翻译之间关系的学理依据:翻译即符号活动。下文将简要介绍皮尔斯的符号观、范畴观,及其符号学思想的发展路径。

(一)皮尔斯的符号观

皮尔斯一生都在思考符号的复杂性,给出了符号的诸多描述和定义,如"(符号是)从外部向思维体传输某物的一个载体"(*CP* 1.339),"一个符号就是某一事物,通过这一事物我们可以更好地了解另一事物"(*CP* 8.332)等。皮尔斯列举了符号的类别与存在形式,如"图片、表格、哭喊、食指、眨眼、手帕结、记忆、梦境、幻象、概念、指示迹象、记号、症候、字母、数字、词汇、句子、章节、书籍、图书馆……"(*MS* 74.3,n.d.②),"通常,符号是一个类别,包括图片、症候、词汇、语句、书籍、图书馆、信号、命令、显微镜、立法代表、协奏曲、各类演出……"(*MS* 634.18-19,1909)。皮尔斯给出了符号的几个核心特征:物质性、动态性、无限性、递归性、意指性等。尤其重要的是,他提出了符号意指的前提,即须有意识融入这一意指序列,换句话说,皮尔斯将主体性或意识主体作为符号产生和活动的前提。

"所有思想都存在于符号之中"(Peirce,1868:103)体现了皮尔斯对符号与主体性关系的思考。皮尔斯认为符号是一个三元结构,即由符号载体(sign vehicle)或符号表征素(representamen)、对象(object)和解释项(interpretant)所构成的一个不可化约的整体。对象进一步分为直接对象(immediate object)和动态对象(dynamical object),解释项则三分为直接解释项(immediate interpretant)、动态解释项(dynamical interpretant)和最终

---

① 本书遵循国际皮尔斯文献引用惯例,*CP* 为书名缩略(其他书名缩略详见本书缩略语表),后面数字为卷,卷后数字为段落,如 1.3 指第 1 卷第 3 段。

② *MS* 指皮尔斯未刊手稿,以手稿编号和页码标示,n.d. 即 no date(无明确日期)。

解释项(final interpretant)。

皮尔斯持广义符号观,"如果不能说宇宙是由符号构成的话,至少宇宙中充满了符号"(*CP* 5.448)。宇宙中一切事物、对象皆可成为符号或具有成为符号的潜质,符号可能是物质的、具象的、可感知的,如气味、颜色;可能是抽象的、想象的,如规则、习惯;可能是有形的,如旗帜、文字;亦可能是无形的,如思维、感觉。只要能够被感知、识解、阐释,只要能够传达意义,它就是一个符号,且符号是无所不包、无处不在的。

(二)皮尔斯的范畴观

皮尔斯在《论新的范畴》("On a New List of Categories",1867)一文中就已经论及符号学,但直到19世纪末20世纪初,皮尔斯才基于显像学(Phaneroscopy)①中显像素(phaneron)的层次提出三级普遍范畴,即一级范畴(Firstness)、二级范畴(Secondness)和三级范畴(Thirdness)②,大致对

---

① "显像"为医学术语,而现象学(Phenomenology)为胡塞尔(Edmund Husserl)所用术语。皮尔斯用"Phaneroscopy"一词来表达自己主要研究符号表意,因为他确信所有思想皆存在于符号之中:一方面,世界的显现需要通过符号来表征,因此,符号是对象的表征素或再现体;另一方面,人通过符号认识和理解世界,符号是人与世界之间的中介。

② 皮尔斯的一级范畴具有以下几个特点:第一,是先于任何思维形式的原始存在状态,未与任何他物建立联系,不依靠他物,也不受他物的影响。第二,呈现的是瞬间的、即时性的思想、情感,因此,一级范畴以整体的形式存在,是未分也不可再分的存在。第三,是可能性、潜在性。二级范畴是事实,我们正是通过二级范畴不断获取关于世界的经验,因此,我们可以大致将二级范畴归结为所有现实世界(包括人类社会实践)的知识,皮尔斯称之为符号应用的实例(*CP* 1.342)。三级范畴面向未来,为人们的行为提供预测的依据,体现的是普遍原理、规则、逻辑、惯例、秩序等,人们通过三级范畴来预测和调整自己的行为方式、期待以及生活方式和态度。"生命的轨迹就是一个三级范畴"(*CP* 1.337),"生命是一系列的推理或思维事件"(*CP* 7.583),归纳(induction)、演绎(deduction)与溯因(abduction)是人类普遍使用的思维方法,进而人类的特有情感,如爱情、希望、善良、热情等,以及认知、知识也为三级范畴。归纳和溯因都是从部分到整体,从特殊到一般,从可见到不可见,无法保证结论的必然性与绝对真实性;与之相对,演绎则是从已知到未知、从一般到特殊,是普遍规则的具体应用,是"唯一的强迫性推理"(*CP* 2.96),演绎又被称为解释性或分析性推理,演绎以诸假设条件都是正确的为前提,所以是一种非扩展性推理,也就无法引入新的概念,"演绎推出一定是,归纳得到应该是,溯因得到可能是"(*CP* 5.171)。皮尔斯于1867年在《逻辑与相关学科术语词典样本》(*W* 2:108)中创了"溯因"概念,用于补充归纳与演绎二分的推理方法。皮尔斯在《澄清概念》("How to Make Our Ideas Clear",1878)一文中提出了实效主义原则,与三级普遍范畴一道构成了其符号学系统的哲学基础。

应世界存在的三种状态或三种存在模式,即可能(possibility)、事实(fact)和规则(law)。三级普遍范畴的提出奠定了皮尔斯符号学的哲学基础。而后,皮尔斯在康德影响下提出了"符号学"(semiotics)这一术语,开展了将符号学发展为元科学[①]即科学之科学的研究,基于三级普遍范畴重构人类知识体系[②]。

皮尔斯以符号自身属性、符号与对象的关系、符号与解释项的关系为依据,进一步得出三级范畴符号,如表1-1所示。其中质符(qualisign)、象似符(icon)、呈符(rheme)是一级范畴符号,单符(sinsign)、指示符(indexe)、述符(dicent)是二级范畴符号,型符(legisign)、象征符(symbol)、论符(argument)为三级范畴符号。更为复杂的是,不同范畴符号可进一步交叉组合从而形成新的符号类别,在理论上最多可有3^{10}即59049种。这一结论来自皮尔斯的论述:"就目前的研究而言,符号在10个层面存在本质性差异。然而,我却遇到明显的迹象表明:其实不止10类模式,倘若这10个层面彼此独立,就会促生3^{10}即59049类符号,但实际上,这些层面远非彼此独立,我以为符号类别大约在66至150之间。"(*MS* 499:8-10)但皮尔斯自己也承认"我的符号划分思想尚未完全成熟"(*MS* 499:39-40)。

---

① Jia(2019b)将符号学为元科学的理由归结为:(1)符号为万物之表征,科学观察之对象为万物表征的符号;(2)研究万物表征之科学以符号为探究对象;(3)科学研究之成果需以符号为呈现手段;(4)科学观察和研究的术语均源自符号;(5)科学研究之方法论均出自符号学。

② 皮尔斯之前,亚里士多德(Aristotle)以语言范畴、康德以逻辑范畴建构人类知识体系。范畴是知识的起点和组织原则,是适用于任何对象的最简概念,具有普遍性、不能化约性、穷尽性。真正普遍的范畴不仅适用于存在着的东西,也适用于任何可以被想象出来的东西,而不管该对象是客观现实世界中存在的还是不存在的、物质的还是精神的、有形的还是无形的、自然的还是人工的。历史上,亚里士多德、康德、皮尔斯都从范畴出发建构人类知识的大厦,但他们之间的路径却并不相同。亚里士多德的《范畴篇》(*Categories*)从语言出发提出10个范畴,即实体、数量、性质、关系、何处、何时、姿态、具有、施为、遭受,这是对语词反映客观存在的最普遍分类,承载着思维运行的基本内容,是对人类经验常识的归纳总结,是人类最早的和最系统的范畴体系,具有明显的科学化和模式化特征。

表 1-1　皮尔斯的三级范畴与符号分类

符号分类的依据	一级范畴	二级范畴	三级范畴
符号自身属性	质符	单符	型符
符号与对象的关系	象似符	指示符	象征符
符号与解释项的关系	呈符	述符	论符

　　皮尔斯基于三级普遍范畴(即一级范畴、二级范畴、三级范畴)又提出了多种符号三元划分方法,其中最为广泛引用的三组三元符号分类是:按照符号自身属性分类,可分为质符、单符、型符;按照符号与对象的关系分类,可分为象似符、指示符、象征符;按照符号与解释项的关系分类,可分为呈符、述符、论符,如表 1-2 所示。

表 1-2　皮尔斯的符号三元分类

三元关系	符号构成	第一种三元分类	第二种三元分类	第三种三元分类
一元观	符号载体或表征素	质符:表征对象的本质	象似符:符号与对象是类比关系	呈符:符号具有可能性
二元观	对象	单符:符号的个体性显现	指示符:符号与对象间存在现实因果关系	述符:符号具有现实性
三元观	解释项	型符:符号表征对象的类别属性	象征符:符号与对象是约定俗成关系	论符:符号具有规律性

(三)皮尔斯符号学思想的发展路径

　　根据可追溯的文献,皮尔斯对符号学理论的思考和对符号学学科体系的建构持续了近半个世纪,从 1865 年皮尔斯在哈佛大学的系列讲座开始,到 1911 年与维尔比夫人的通信结束。

　　1865 年,皮尔斯在哈佛大学开设了关于"科学的逻辑"的系列讲座,从而开始了符号学研究。皮尔斯在 1867 年发表的《论新的范畴》一文中找到了自己重构人类知识体系的方法和起点,他从对康德的范畴①的批判开始,提出了三级普遍范畴的概念。这一阶段,皮尔斯主要关注符号再现以及符号的分类等问题,得出了一系列的符号三元分类,如根据符号自身属性分为象似符、指示符和象征符,根据符号与对象的关系分为质符、单符和型符,根据符号与解释项的关系分为呈符、述符和论符,根据符号的构成分为符号载体或表征素、对象和解释项。

皮尔斯于 1877—1878 年发表的《澄清概念》、《确定信念》("The Fixation of Belief",1877),以及 1905—1907 年发表的《什么是实效主义》("What Pragmatism Is",1905)、《实效主义序言》("Prolegomena to an Apology for Pragmaticism",1906)、《实效主义》("Pragmatism",1907)这五篇论文阐释了他的实效主义哲学观。实效主义是"确定任何概念、信条、命题、词汇或其他符号真实意义的方法"(CP 5.6)。我们的思维通过归纳、演绎、溯因三种科学推理形式展开。思维即符号活动过程,通过符号阐释,我们的思维不断趋向最终真理,这一渐进过程中确立的思维习惯就是信念。思维过程只有与现实同构、与自然互动才能更好地以离散的语言符号描述处于连续统的客观世界。皮尔斯反对心理主义、不同于实证主义之处在于,他努力将形而上学科学化;他不是纯粹的唯心主义,他发展了进化宇宙论,认为宇宙处于一个从完全混沌状态向一个绝对有规则状态的发展过程,遵循着从机会(opportunity)到发生(occurrence)再到习惯(habit)的发展路径,由此他得出,宇宙中一切都具有"心智"(mind)或"准心智"(quasi-mind),绝对规则状态是死亡了的心智状态,也就是一种习惯状态。

1903—1911 年,皮尔斯与维尔比夫人的学术通信集中探讨了符号与意义、意义的分类、符号学与表意学的关系等问题,包含了皮尔斯生命后期对符号学的集中思考。20 世纪初期,符号学作为一门独立学科初步形

---

① 康德认为,范畴是所有知识对象的分析基础,他通过范畴建构了体系论方法(architectonic method)。康德哲学体系以亚里士多德以来的逻辑为基础,他认为判断是一切知识的起点,围绕"判断"的四个参数——量(全称、特称、单称)、质(肯定、否定、无限)、关系(直言、假言、选言)、方式(或然、必然、实然)提出 12 个范畴,而每一个判断只涉及 4 个范畴。例如,"吕红周不是双眼皮"就是一个特称、否定、直言、实然的判断。先验综合判断是获取知识的方法,是一种心理主义,主体是缺失的。

成。索绪尔(Ferdinand de Saussure)、皮尔斯被称为符号学的奠基人,维尔比夫人被称为符号学之母,他们分别从语言学、哲学、意义学等领域步入符号学研究。索绪尔把符号学视为社会心理学的一部分,因此,从外延上看,符号学是一门特殊学科,且依赖于一般学科,如物理学和心理学。索绪尔持二元论,把符号视为能指和所指构成的两面心理实体,将外在客观现实世界完全排除在外。皮尔斯把符号学视为一门基础学科,是基于数学和现象学发展起来的。皮尔斯持三元观,认为符号对某人而言在某方面或在某种程度上代表某物,符号是由符号载体、对象和解释项构成的不可化约的三位一体,对象决定符号载体,符号载体又决定着意义。不同于索绪尔的心理主义倾向,皮尔斯强调宇宙进化论,体现出客观唯心主义色彩,他认为"我们应该在最大程度上假设事物是连续的"(CP 6.277),世界是从纯粹偶然无序状态向一种完全有序状态的渐进发展过程。维尔比夫人则致力于阐释符号、意义和价值的关系问题,她和皮尔斯的通信对他们各自符号学理论的建构起到了积极的推动作用。

二、维尔比夫人

维尔比夫人创造了"significs"一词,专指"表意学",用来区分于法国语义学家布雷阿尔(Michel Bréal)1883 年提出的法语术语"语义学"(sémantique,英译为 semantics)。维尔比夫人认为,语义学研究词义的变化与发展,只是表意学的一部分,而"表意学研究所有形式和关系中的意义,因此涵盖人类可能感兴趣的所有领域"(Welby,1911:vii)。

表意学把符号意指分为内在语义和外在价值,涉及实用主义对效果的强调,以及社会学、伦理学、美学等。此外,维尔比夫人认为自己的意义研究也不同于符号学(semiotics)。维尔比夫人考察了洛克(John Locke)提出的"符号学"(semeiotike),认为其任务在于考察人们为了理解事物、传达知识于他人而使用的符号的本质,因此,符号学是洛克将物理学和实践科学联系起来的方法和路径。洛克对符号学的定位与维尔比夫人对表意学的定位具有一定程度的重合,"维尔比强调在以感知把握真实的存在、情境的基础上阐释伦理价值,这与洛克的思想是一致的"(孙凤,2019:42)。

皮尔斯于 1908 年 12 月 14 日写给维尔比夫人的信中指出,表意学探究符号与解释者的关系,不但包含语言符号,而且涉及非语言符号中的姿势、声音、图像等,因此,属于普通符号学的一部分。在方法论层面,表意学和符号学都是探究意义的方法和训练心智的方法,是从一级范畴的本能(instinct)升级到二级范畴的习惯(habit)再到三级范畴的法则(law)。表意学的研究范围涵盖语言符号的所有表意形式,其探究表意的逻辑、伦理价值、美学特征,以及人们如何通过良好的语言习惯或"语言良知"实现表达的清晰性、理解的正确性、交际的畅通性,表意学也因此与语义学、语用学、翻译学、阐释学、符号学、伦理学、美学等具有极大的关联性。

(一)表意学与意义三分法

维尔比夫人于 1893 年发表了《意义和隐喻》("Meaning and Metaphor",1893),并于 1896 年在《感知义、现实义和阐释义》("Sense, Meaning and Interpretation",1896)一文中正式提出"表意学"(significs)①,指出意义的混乱不但会导致错误理解,甚至会限制和降低人的理解和表达能力,这是表意学最初的理论形态。表意学研究所有符号的表意,不限于语言符号,还涉及非语言符号,如声音、图像、动作等。表意学的重点在于探究我们如何借助符号构建清晰的思维,准确地表达思想,进而被他人正确地理解,从而实现思想的健康发展和知识的更新与文化的创造。表意学还关注超出语义学范围的符号与价值的关系问题,如人的符号活动对价值塑造、伦理道德的影响。

维尔比夫人将意义分为三种:感知义(sense)——对环境做出的有机反应;现实义(meaning)——词汇的具体意义;意指义(significance)——某一事件或经验产生的长远影响、最终结果。维尔比夫人的三种意义大致

---

① "significs"一词先后被收录在《哲学与心理学词典(第二卷)》(*Dictionary of Philosophy and Psychology*, II, 1902)、《大英百科全书》(*The Encyclopedia Britannica*, 1911)、《按历史原则编订的新英语词典》(*A New English Dictionary on Historical Principles*, 1911)[即《牛津英语词典》(*The Oxford English Dictionary*)的前身]。

分别对应皮尔斯的直接解释项、动态解释项、最终解释项。① 两者的区别在于,维尔比夫人的出发点是符号发出主体,而皮尔斯的解释关注符号对接收主体产生的影响。维尔比夫人的意义三分法强调了意义的三个维度,即意义的语境关联性、动态运动性以及伦理倾向性。任何现实世界中的意义都要充分考虑语境,这是意义的合理性、恰当性、准确性、有效性、动态性、可塑性、复杂性的解读参照。"我们所使用的词语的感知义(sense)不是我们的思想,而是它与语言之间的联系。它们虽不可分割,但并非同一。"(Welby,1897:43)

这里的"可塑性"强调语言适应语境变化的动态性特征,是与语境紧密相关的表达适应性,指语言能根据语境和表达要求调整自身的形式和内容,语言与环境之间存在着互动与对话。维尔比夫人把表意学视为翻译哲学和阐释哲学的基础,将翻译视为符号间的转换,即关于符号和意义思考的一种理解和阐释方法,并指出模糊性是意义不断得到阐释的前提。持续的翻译阐释一方面揭示了被混乱的表达形式所遮蔽的意义,另一方面推动了意义与价值关系的研究。

维尔比开创了20世纪意义理论研究的先河,为哲学研究的语言转向以及语言哲学的形成奠定了学理基础,其著作也是皮尔斯的实效主义、交际理论,以及蓬齐奥(A. Ponzio)和彼得里利(S. Petrilli)创建的伦理符号学等

---

① 孙凤(2019:47)将维尔比夫人三个层级的意义汉译为感知(sense)、意图(meaning)、意味(significance),这是理解意义的三个阶段。我们在此倾向于将维尔比夫人三个层级的意义分别对应皮尔斯的三级普遍范畴,即一级范畴的感知义(sense)、二级范畴的现实义(meaning)、三级范畴的意指义(significance)。感知义即维尔比夫人提出的母性感知,这是一种依靠人的本能、原初的感官、直觉、情感所产生的对世界的认知和体验,未经传统教育的强加和修正。现实义则需要进入社会交际领域,是特定语境中的意义,存在着歧义、对错的现实,维尔比夫人把个人使用符号的意图赋予现实义,即符号与发送者之间的关系,这是日后语用学的研究内容。意指义作为最高层级的意义,融入了法则、规则以及价值伦理观照,"第三层级的意义包含感知义与现实义,但在范围上超过了它们,包括某些事件或经验的影响、暗示或最终结果……是对前两种意义的强化,具有理想价值、道德影响"(Peirce & Welby,1977:169)。皮尔斯的最终解释项和维尔比夫人的意指义都处于解释的最高级,皮尔斯认为到达最终解释项的途径和方式是无限符号活动,而维尔比夫人则把这一任务赋予了道德和伦理的引导以及人们对价值的追求。彼得里利(Petrilli,2009:265)将维尔比夫人三个层级的意义分别对应为三种价值:本能的价值(involuntary value)、意向性价值(intended value)和推论价值(inferential value)。

现代符号学的重要理论来源。

(二)表意学与翻译研究

维尔比夫人有关表意学与翻译研究的论述虽然略显零散,但对翻译符号学仍有借鉴意义。表意学不同于语义学,它以感觉质(sensal)①为研究对象,关注感知与感知物间的关系问题。表意学把翻译视为一种内在的思想翻译,强调翻译—阐释应以体验—经验为基础,并提及翻译的伦理倾向,关注翻译活动的价值构成。"表意学作为一门科学出现,它涵盖全部的人类知识领域和经验领域(自然科学、数学、哲学、逻辑学、伦理学、美学、文学、宗教、政治、意识形态、日常生活等),这不是因为它主张符号学无所不知,而是因为它关注价值,价值弥漫在生活中并成为所有行为和反思的条件,即表意。"(Petrilli,2015:161)我们在此简要回顾维尔比夫人表意学思想的形成过程,寻找表意学与翻译研究之间联系的内在理据,从而为翻译符号学的理论建构寻找理论依托。

得益于维多利亚女王的庇护和维尔比夫人两年的宫廷生活经历,自1863年至1912年,维尔比夫人与英、美、法、德、意等国的460余名学者和思想家有书信往来,其中与皮尔斯的通信《符号学与表意学:皮尔斯与维尔比夫人的通信》(*Semiotic and Significs : The Correspondence Between Charles S. Peirce and Victoria Lady Welby*,1977)由美国印第安纳大学出版社出版。从这一意义上说,"表意学既是维尔比独立批判性思考的结果,也是同时代人直接或间接参与研讨的产物"(孙凤,2019:3)。

维尔比夫人的主要著作有《何为意义?意指发展研究》(*What Is Meaning? Studies in the Development of Significance*,1903)②、《表意学与语言》(*Significs and Language*,1911)。后人研究维尔比的著作和论文集包

---

① 孙凤(2019:52)将 sensal 译为"感知之物"。

② 皮尔斯在为维尔比夫人的《何为意义?》写的书评(C. S. Peirce's Review of *What's Is Meaning ?*, 1903)中高度赞扬了维尔比夫人的贡献,把它和罗素的《数学原理》(*The Principles of Mathematics*)视为同样重要的逻辑学著作,认为维尔比夫人回答了"什么是意义"这一逻辑学基本问题。维尔比夫人发现了哲学、科学、社会学中普遍存在的误解是出于人们对意义的不同阐释,因此,廓清思想和语言中的混乱是意义学的迫切任务。

括:《维多利亚·维尔比夫人的表意学:意义运动的起源》(*Victoria Lady Welby's Significs : The Origin of the Signific Movement*)(Schmitz,1985)、《表意与理解:维多利亚·维尔比夫人的表意学以及表意运动理论读后感》(*Signifying and Understanding*：*Reading the Works of Victoria Welby and the Signific Movement*)(Petrilli,2009)、《维多利亚·维比》(*Victoria Welby*)(Thomas,2023),以及为纪念维尔比夫人诞辰 150 周年而出版的《表意学论文集:纪念维尔比夫人诞辰 150 周年论文集》(*Essays on Significs : Papers Presented on the Occasion of the 150th Anniversary of Victoria Lady Welby*)(Schmitz,1900),以及伦敦大学"维尔比夫人文献专藏室"保存的相关图书、手稿、通信和约克大学"维尔比文集"等。在我国则有译著《维尔比夫人与表意学:符号学的形成》(宋文、薛晨译,2019)、博士学位论文《维尔比夫人表意学理论研究》(孙凤,2019)以及相关学术论文等。其中孙凤的博士学位论文《维尔比夫人表意学理论研究》探究了维尔比夫人的意义三分理论、翻译哲学思想、隐喻理论、交际理论以及表意学的方法论(如符义动态性、意义可塑性、意义对话性等),是我国目前研究维尔比夫人的表意学较为系统和全面的成果。我们同意孙凤对维尔比的学术定位:维尔比夫人是仅次于索绪尔、皮尔斯的符号学理论奠基者,位列第一代经典符号学家。①

英美新批评创始人瑞恰慈(I. A. Richards)于 1929 年至 1930 年在清华大学讲授文艺批评和意义逻辑的课程,在这期间,他把维尔比夫人的意义理论介绍到中国。奥格登(Charles Kay Ogden)和瑞恰慈合著的《意义之意义:关于语言对思维的影响及记号使用理论科学的研究》(*The Meaning of Meaning : A Study of the Influence of Language upon Thought and of the Science of Symbolism*)(Ogden & Richards,1923)受到维尔比夫人表意学的影响,认为意义研究就是要解决语言表达的歧义和误解,使思想达到深刻和澄明之状态。李安宅的《意义学》(1934)则是受瑞恰慈和维尔比夫人影响

---

① 孙凤(2019:7-20)详细回顾和梳理了国内外对维尔比夫人的研究历史和现状,并对不同阶段的研究内容和评价做出了自己的评价。20 世纪 80 年代,德国学者埃施巴赫(A. Eschbach)主编的"符号学基础"丛书收录了维尔比夫人的《何为意义? 意指发展研究》和《表意学与语言》,以及《表意学论文集:纪念维尔比夫人诞辰 150 周年论文集》,标志着从符号学出发真正系统研究维尔比夫人的表意学。

的成果,是我国早期意义理论研究对英美意义理论的吸收和转化的标志性成果。可以肯定的是,维尔比夫人的表意学与皮尔斯的符号学具有深刻的内在关联,他们之间的通信产生了积极的互相影响。除此之外,维尔比夫人表意学的形成与语义学、心理学、哲学、伦理学、语言学等也有密切关联。

维尔比夫人还探索了翻译与思想、翻译与意义、翻译与认知相结合的事实,把翻译视为人从已知探究未知的思想活动,而且这是一种发自本能的需要。维尔比夫人持广义的翻译观,从人类思维、认知活动的视角,将翻译看作思想的转换、吸收、对话,不但存在于每一个个体的大脑中,还广泛存在于学科之间、知识之间和文化之间的交流与互动中,是思维的探索过程、意义的更新过程、知识的获取过程、文化的创新过程。在《哲学与心理学词典(第二卷)》(*Dictionary of Philosophy and Psychology*,Ⅱ)(Baldwin,1902:712)中,维尔比夫人将"翻译"界定为:(1)字面意义上,即把一门语言翻译为另一门语言;(2)以另一主题为参考陈述某一主题,特定的论点从一个域转化入另一个域,使用一组事实描述另一组事实,如一篇物理学或生理学论文在实验中转换为美学或伦理学论文,生理学论断转换为经济事实论断。

"把一门语言翻译为另一门语言"是翻译学界普遍认可的翻译观,也符合被雅各布森视为翻译本体的语际翻译的定义。第二条界定则是维尔比夫人从哲学层面做出的广义翻译界定,涵盖主题、论点、事实的转换。后来,维尔比夫人又将翻译拓展为严肃话语向喜剧话语的转换、言语与非言语之间的相互转换,乃至将翻译视为外来实质在思想层面的吸收,这时已涉及思维无形符号问题。维尔比夫人与皮尔斯持相同的观点,将翻译之本质界定为阐释:翻译即阐释。

在维尔比夫人的表意学框架下,表意即阐释,即翻译,从而传统的语际翻译被拓展至符际翻译。虽然维尔比夫人并未直接使用"符际翻译"这一术语,但她指出翻译是用一门学科表达另一门学科、用一个领域表达另一个领域,这已经指明了翻译是获取知识的途径和方法,"表意即符号化过程:某物代表某物,一个符号转换为另一个符号,转换为不同类型的符号或不同的符号系统"(Petrilli,2009:528)。由此,"理解和解释存在于全部意义活动的过程之中,'翻译'既是一种理解和解释的前提,也是方法"

（孙凤，2019:57）。维尔比夫人认为，知识的生产过程经历了从本能感知到理性抽象的过渡，这种感性与理性之间的联结就是人性最初的母性感知能力①或感觉质，维尔比夫人用感知弥合了感性与理性之间的鸿沟，"表意学的思维模式就是翻译—解释活动展开的模式，表意学教育最终要提高的就是翻译—解释能力"（孙凤，2019:66）。

三、莫里斯

莫里斯是美国著名实用主义哲学家、符号系统理论的创始人之一②。莫里斯把符号学分为三部分：研究符号与符号的关系、研究符号与所指对象的关系、研究符号与使用者的关系。这一划分成为符号学理论建构的重要参考，划定了符号学研究领域的界限。关于莫里斯的符号学三分法，学界有不同的理解，如有学者把莫里斯的符号学解读为语法学、语义学和语用学，这就把符号学限制在语言学范围内；从狭义研究领域看，甚至要小于语言学，因为语言学研究范围还至少涉及语音学、修辞学、语言学史、对比语言学、词源学等内容；这种理解体现了语言中心主义和人类中心主义的倾向。

莫里斯因受到雅各布森、米德的直接影响而开始了符号学研究，先后出版了《指号、语言和行为》（*Signs, Language, and Behavior*, 1946）、《美国哲学中的实用主义运动》（*The Pragmatic Movement in American Philosophy*, 1970）、《普通符号理论》（*Writings on the General Theory of Signs*, 1971）等著作，其中，《普通符号理论》是莫里斯符号学思想的集大成之作。

---

① 维尔比夫人认为，母性感知能力是一种依靠人的本能、原始的感官、直觉、情感等所产生的对世界的认知和体验，未经传统教育的强加与修正。"感知"与"母性感知"是维尔比夫人表意学的核心概念，人对客观世界的认知始于感知义，并不断发展为现实义和意指义。母性感知是意义产生的起点和源头，回答意义如何产生的基本问题。维尔比夫人的表意学持义的开放性、创造性、无限性，属于阐释符号学。

② 在《指号、语言和行为》这本书中，莫里斯对指号、符号、信号进行了区分，认为指号是包括符号和信号的上位概念，符号是一个符号对另一个符号的替代，而信号更多情况下是具体情境中的引起机体特定反应倾向的预备刺激，信号对情境具有最大限度的依赖性。信号比符号更可靠、更真实，信号将机体导向环境中存在的刺激物。符号则是不在场的刺激物的符号的替代，符号可以撒谎，即所指示之物可以存在，也可以不存在。

（一）《普通符号理论》

《普通符号理论》是莫里斯符号学思想的学术合集,收录了一部专著和六篇论文:第一部分为论文《符号理论基础》("Foundations of the Theory of Signs",1938①);第二部分为专著《指号、语言和行为》;第三部分为五篇符号学论文。莫里斯的作品时间跨度较大,从1938年跨越至1971年。按照莫里斯自己的说法,他关于符号学的思考与研究有50年的历史(从他上大学时的20世纪20年代到70年代)。莫里斯在《普通符号理论》的前言中指出,他的普通符号理论的框架和轮廓受到了奥格登和瑞恰慈《意义之意义:关于语言对思维的影响及记号使用理论科学的研究》一书的影响。

《符号理论基础》一文主要围绕七大主题展开,如:符号学与科学的关系、符号活动、符构学、符义学、符效学、符号学的统一性和符号科学间的相互关系、符号学的应用问题等。莫里斯不但认为符号学是一门科学,而且给予符号学以元科学以及科学研究工具的定位。莫里斯从符号活动要素之间关系出发,提出了研究符号与其他符号之间关系的符构学、研究符号与对象之间关系的符义学,以及研究符号与符号使用者之间关系的符效学。这将传统上从音、形、义出发的语言本体研究扩展到语言内部和外部结合的研究,即将符号学分为符构、符义和符效三大维度(Morris,1971:310-302)。符构学是符号活动的形式维度,以符号的符构关系(形成和转换)为研究对象,讨论符号形式和结构的关系。决定符号间不同关系的是符构规则(syntactical rules),符构规则分为形成规则(formation rules)和转换规则(transformation rules)。符义学是符号活动的符义维度,以纯理语义学和描写语义学的区分为基础,纯理语义学主要研究术语和理论,而描写语义学则是对纯理语义学的实际运用,涉及具体的事件、情境。符效学是符号活动的符效维度,涉及符号活动中的个体因素和社会因素、符号的使用和滥用等问题。符效学围绕符号活动中的人这一核心要素展开,一个符号的解释者为有机体,解释项则是有机体面对符号载体做出和符号对象在场时一样的反应。有机体面对符号载体会联想到符号对象,这就类似于

---

① 为该成果首次发表的时间。下同。

兵符、圣旨、御赐的信物等具有"如皇帝亲临的效果"。

莫里斯在《指号、语言和行为》一书的前言中指出:"本书企图创造一种语言来讨论符号,不论是动物符号还是人类符号,不论是或不是语言符号,不论是科学中的符号还是文艺、技术、宗教或哲学中的符号,也不论它们是健康的还是病态的,以及对于它们被用来达到的目的来说是足够的还是不足够的。"(莫里斯,1989:前言1)莫里斯探讨的符号不是以人类为中心的或以语言为中心的,语言符号只是其中的一部分,而且莫里斯明确提出了动物符号、艺术符号、技术符号等。莫里斯指出符号的意义就是要确定符号所引起的习惯,我们描述和区分符号的依据是符号在解释者身上所引起的反应或行为倾向。总的看来,莫里斯的符号学有鲜明的行为主义倾向。哲学、逻辑学、语言学、美学、心理学、病理学、社会学都将为符号理论提供重要的理论来源和方法论支撑。

《普通符号理论》第三部分包含五篇论文:第一篇《符号和行为》("Signs and the Act")是1964年麻省理工学院出版社出版的专著《意指和意义》(*Signification and Significance*)的第一章;第二篇《美学和符号理论》("Esthetics and the Theory of Signs")于1939年刊发在《统一科学杂志》(*The Journal of Unified Science*)第3卷第1—3期;第三篇《元元符号》("Signs about Signs about Signs")发表于1948年;第四篇《神秘主义和它的语言》("Mysticism and Its Language")收录于1957年安申(R. N. Anshen)主编的论文集《语言:意义和功能研究》(*Language: An Inquiry into its Meaning and Function*);第五篇《人类宇宙符号》("Man-Cosmos Symbols")收录于1956年出版的科普斯(G. Kepes)主编的论文集《新景观》(*The New Landscape*)。

通过对莫里斯符号学重要原典的解读,我们发现,莫里斯对符号学元科学的定位要远高于语言学,其范围也远大于语言学。莫里斯的目标是发展一种能处理各种符号的符号学研究方法,进而发展出一门统摄一切的元科学。莫里斯认为,符号学应该致力于研究语言符号与非语言符号的理解和有效应用问题。符号在人类生活中的巨大作用体现在如数学、逻辑学、哲学、宗教学、社会学等众多学科出于不同的目的而采用不同的研究方法去关注符号之中,而且所有这些研究方法和目的都具有正当性,都是为本学科服务的。可以说,以往研究都是对特殊领域符号的研究,而以一般符号为研究对象的符号学尚未得到充分发展,符号学的一般原理、研究方法、认识论等系统性、科学性理论体系还有待建立。

我们倾向于给出这样的描写:莫里斯发展了行为主义符号学说,一生倾注于符号和价值研究,建构了符号学三分的理论体系(符构学、符义学、符效学),以及通过论域理论讨论符号的具体运用。如果说《普通符号理论》是莫里斯建构一般符号理论的集大成之作,那么,符号互动论则是影响和决定莫里斯符号行为主义倾向的核心理论。

(二)符号互动论

在皮尔斯、詹姆斯(William James)、米德、戈夫曼(Erving Goffman)、杜威(John Dewey)等人影响下,莫里斯发展了行为主义符号学说。美国实用主义哲学家詹姆斯和米德奠定了符号互动思想的基础,其核心主张是社会中的个体间互动构成了人类群体生活,影响着社会的发展方向。

詹姆斯被誉为美国心理学之父,在教育学、实验心理学、实用主义等领域有较深入研究。詹姆斯先后学习了化学、比较解剖学、生理学、生物学、医学、心理学等,1867年德国留学期间,曾受冯特(Wilhelm Wundt)指导从事心理学研究。詹姆斯先后从事生理学、哲学、心理学的教学与研究工作,具有丰富的跨学科经验,体现了他广泛的学术兴趣和丰富的知识储备。1890年詹姆斯出版了《心理学原理》(*The Principles of Psychology*),内容涵盖19世纪心理学的发展历程和主要研究,较为全面地总结了实验心理学的最新进程,集中体现了詹姆斯的实用主义思想。詹姆斯意识到生物学理论无法合理解释人的内在精神、意识、超越性价值,于是他转向达尔文的进化论,把意识视为引导有机体达到生存目的而不断演化的过程和结果,得出意识是内在的受特定功能或用途驱动而不断衍生变化的观点。

1907年詹姆斯出版了《实用主义——一些旧思想方法的新名称》(*Pragmatism: A New Name for Some Old Ways of Thinking*),指出实用主义就是要充分考虑环境、时间变化而发挥某种效用,强调真理的相对性、动态性、未完成性。詹姆斯宣称自己受了皮尔斯的影响,即采用科学实验、经验为依据来克服人因为语言概念而产生的思维混乱。与皮尔斯一样,詹姆斯把实用主义视为一种确定真理的方法,且真理不是先验的,而是一种逐渐展开的、可错的过程,真理需要通过后续效果来检验,只有能正确引导人达到目的的真理才是有用的。"实用主义的方法不是什么特别的结果,只不过是一种确定方向的态度。这个态度不是去看最先的东西——原则、范畴和必需的假定,而是去看最后的东西——收获、效果和事实。"(James,1922:55-56)在皮尔斯看来,詹姆斯对实用主义的简单化理解很容易导致错误的结论。为了说明与詹姆斯、杜威、席勒(F. C. S. Schiller)等人所宣传的实用主义(pragmatism)的区别,皮尔斯不得不创造了"实效主义"(pragmaticism)。

1937 年,布鲁默(H. Blumer)最早使用"符号互动"这一术语,由此发展起来的《符号互动论》(*Symbolic Interactionism*, 1969)逐渐成为社会学和社会心理学的重要理论基础。戈夫曼从符号互动论出发,通过类比方法把人类社会比作舞台,把社会成员比作演员,以此来描述人们的日常生活状态、互动关系、社会规则、社会矛盾及其管理策略。

符号互动论与实用主义、刺激—反应行为主义、戏剧理论、社会学、心理主义、文化决定论等具有较为密切的联系。其主要观点有:意义驱动人的行为,意义不在于事物本身,而在于人与人的互动,个体可以根据自己的理解去修改意义;人作为符号动物,通过符号互动将个体和社会联结起来,符号是人存在的前提,也是人心灵的表征方式,人因具有符号能力而区别于动物、植物和整个生物界。符号能力包括生产符号、使用符号和反思符号的能力,体现在人的符号化思维和符号化行为中。个体的存在和发展一方面会受到环境和其他主体的影响,并把这种影响内化为自己心灵的一部分,这是从外到内的符号活动;另一方面,人会生产和发出符号,通过与外界的活动影响自己生存的环境和他主体的态度,这是从内到外的符号活动。符号互动论遵循描述性和解释性相结合的方法,持动态、发展、互动观,常被用于对社会问题的讨论,如儿童社会化、精神疾病、社会发展等。

莫里斯的符号互动论受到了美国学术传统影响。首先,他继承了皮尔斯、杜威等人的实用主义,主张符号意义要通过实际行为效果验证,反对静态意义观;其次,他继承与改造了米德的社会行为主义;第三,他融合了皮尔斯的符号三元观。莫里斯对符号互动论的主要贡献在于将行为主义理论引入了符号学研究,将米德的"扮演他人角色""表意常规符号"等概念转化为符号解释的动态过程。莫里斯将符号解释视为由社会行为驱动的动态过程,要通过可观察的交际行为研究符号意义的生成机制。莫里斯把符号互动论从米德的哲学思辨转为可操作的分析体系,推动符号互动论从社会学向跨学科研究扩展,为后来布鲁默正式提出符号互动论奠定了理论基础。莫里斯的符号学代表作《指号、语言和行为》系统拓展了米德关于"心灵、自我与社会"的符号互动命题,根据符号表意的三个维度提出了著名的符号学三分的理论体系,即符号学由研究符号与符号关系的符构学、研究符号与对象的符义学、研究符号与使用者的符效学组成。这种符号学三分法特别强调符用维度,即符号使用者与行为情境的互动关系,直接启发了当代社会符号学对身份建构、权力协商等互动机制的研究,通过符号过程(semiosis)概念在符号学和社会学之间建立起联系。莫里斯把符号从结构主义符号学的静态意义系统中解放出来,将其置于具体行为互动场景中考察,从根本上推动了符号学与社会心理学的交叉融合。符号学三分法至今仍是跨文化传播、社会心理学等领域分析互动行为的基础理论工具。然而,莫里斯的符号行为主义也存在争议,如对"结构—能动性""理性—非理性""符号—物质"三组张力处理失衡,布迪厄(Pierre Bourdieu)的文化资本论、哈贝马斯(Jürgen Habermas)的交往行为理论等均试图弥合这些裂隙。

(三)符号行为主义

莫里斯深刻洞察到符号对人类的重要性:"符号与科学密不可分,科学研究的结果以符号系统形式呈现。人类文明依存于符号及诸符号系统,且人类思维无法脱离符号而运作。倘若脱离符号,心智就无法与符号之功用统一。"(Morris,1938:1)符号是载体,表征外在世界和内在世界,如宇宙万物、四季更替、思绪、情感、理性等;符号是研究对象,符号学研究符号与符号、符号与对象、符号与解释项的关系;符号是解释项,通过无限符号活动,将人的感知、识解、发现、发明以更加发达的符号形式呈现,即符号从简单到复杂、从感性到理性、从具象到抽象,更加发达的符号使得意义的呈现更明晰,从而人对世界的理解也就更深刻。莫里斯(1989:2)致力于将一门科学的符号学建立在一般行为理论基础上："我们目前的这个研究是基于这样一个信念：我们认为，指号科学在生物学的基础上，特别在行为科学的基本原理基础上得到最有利的发展。"莫里斯（1989：11）用预备刺激、反应倾向、反应序列、行为族来定义符号："如果任何东西 A 是一个预备刺激，而这个预备刺激，在发端属于某一行为族的诸反应序列的那些刺激物不在当前的时候，引起了某个机体倾向于在某些条件下应用这个行为族的诸反应序列去作出反应，那么 A 就是一个指号。"

莫里斯把符号活动分为人类符号活动、非人类符号活动、元符号活动（metasemiosis）。元符号活动生产有关符号的符号。莫里斯认为，符号活动与交流（communication）不是同义关系。西比奥克（Thomas Albert Sebeok）继承和发展了莫里斯的符号活动观，把符号活动视为生命的基本特征。一方面，莫里斯关注非人类符号活动和元符号活动，他的符号定义中除了包括语言符号，还存在着非语言符号，他赋予符号学元科学的地位，努力把符号学发展为科学统一的基础；另一方面，莫里斯对符号学的符构、符义和符效三分以及对语言符号的过分关注，还是被贴上了语言中心主义和人类中心主义的标签。

莫里斯的符号学理论赋予语言学非常重要的位置，他强调说，他的符号学研究对象还包括动物符号、前语言符号（pre-linguistic human signs）和后语言符号（post-linguistic human signs）。莫里斯（Morris，1971，preface 8）给予符号学这样的评价："符号学显然已经确立了其作为一门学科的重要地位以及人作为符号动物的重要性。"与皮尔斯类似，莫里斯坚持符号学是一门科学的观点，其以发展一门能够处理各种符号的学说为研究旨向，目的是能够更好理解人的符号本质。莫里斯通过研究符号产生的效果来建构自己的术语体系，围绕符号、语言、心智（mind）、行为、价值、意指（signification）、意义（significance）、论域等相互间的复杂关系展开，为他的研究贴上了"符号科学"（science of signs）、"行为主义"（behaviorism）、"生物心理学"（biopsychology）、"实用主义"（pragmatism）等标签。在莫里斯的术语体系中，符号活动、解释项、符号载体、解释者等概念，与皮尔斯的概念既有联系，也有差别。

莫里斯的符号学体系中出现了广义符号和狭义符号（即语言符号）的

交叉互用。莫里斯根据符号活动关系把符号学分为符构学、符义学和符效学的做法存在局限性,因为莫里斯是以自然语言符号为基础划分的,这就缩小了符号的范围,"若将符号缩小至语言文字,并探讨符构、符义和符效维度问题,不但脱离了符号学乃人类符号研究之宗旨,也无形中脱离了人类使用符号这一现实情况和事实"(贾洪伟,2019c:263)。我们需要重新思考符号的分类和逻辑层次问题。就人类所使用的符号而言,可依据不同标准、从不同角度划分符号种类,如:语言符号和非语言符号;物质符号和精神符号;有形符号和无形符号;感官知觉符号(触觉符号、味觉符号、嗅觉符号、视觉符号、听觉符号)、直觉情感符号、意志符号和推理符号;人工符号和自然符号;平面符号和立体符号;抽象符号和具象符号,等等。此外,生活中常见的旗语、手势语、盲文、盲道、路标、交通标志、姿态、表情、衣着、发型、动作、眼神等都是具有表达意义或区分意义功能的符号。

莫里斯从统一科学元语言的宏大理想初衷出发,发展了符号活动的多维度研究,这为我们提供了有益的借鉴和启示。人不是单向度的,人作为个体的多元构成与文化的多元本质具有一致性,因此,人的出现从一开始就不是单一的和纯粹的。人的存在与发展就是不断接收新信息并将其内化为自我的一部分,同时也把自我呈现出来与世界互动的过程,或许我们可以搁置交际是同化的认识,而把交际视为对差异的妥协或接受,进而寻求建构和谐共存的命运共同体。对他者的吸收、容纳是一种双向转换,在改变自我的同时,也在改造着他者以及自我与他者共存其中的世界。"对于目的语文化来说,没有任何译文是可以被完全接受的,因为它总是引入新的信息,形成对目的语系统来说是陌生的效果。对于原文来说,没有任何译文是适当的,因为文化规范会引起原文文本结构的转换。"(Gentzler,1993:128)符号转换的实践性、可操作性,以及跨语言、跨文化、跨文明的作用与意义在符号活动中表现出来,只有真正多元的、对话的、多角度的、多形态的符号活动才能有效推进文化的创造与丰富,加强文明交流与互鉴。

第二节 思想结合期

1959 年雅各布森提出符际翻译概念,标志着翻译符号学思想结合期的开始,克里斯蒂娃(J. Kristeva,1969)的互文性、位移(transposition)以及符号活动间性(intersemiosis),韩礼德(M. A. K. Halliday)(2001)的多模态和代码理论,奈达(E. A. Nida)(1964)的社会符号学翻译,艾柯(U. Eco)(1976,2001)的文化翻译,巴特(R. Barthes)(1967)的符号学分析方法,巴尔胡达罗夫(С. Г. Бархударов)(1975)的语义—符号学翻译模式,洛特曼(Yuri Mikhailovich Lotman)的文化符号学翻译,以及图里(G. Toury)的翻译符号学(semiotics of translation)设想等,无疑进一步推动了翻译学和符号学研究的融合。本节将主要探讨雅各布森、图里、洛特曼的代表性理论,集中梳理他们在符号学与翻译学融合发展方面所贡献的卓越智慧和各种富有启发性的观点。

一、雅各布森

(一)符际翻译的提出与发展

雅各布森(Jakobson,1959:233)在《论翻译的语言学问题》("On Linguistic Aspects of Translation")一文中,基于皮尔斯对"真正符号活动"(genuine sign-activity)和"退化符号活动"(degenerate sign-activity)的区分,从符号学理论视角最先提出了翻译三分法,将翻译划分为语内翻译(intralingual translation or rewording)、语际翻译(interlingual translation)和符际翻译(intersemiotic translation or transmutation)。具体而言,语内翻译即用同一种语言的其他符号解释语言符号;语际翻译即用其他语言的符号解释该语言符号;符际翻译即用非语言符号系统的符号解释语言符号。雅各布森以近义词替换的方式来说明语内翻译等值问题:除了基本的词源学理据、修辞色彩、语体归属、义子成分等语言层面差异,还存在较抽象和较宏观层面的文化差异,等值是相对意义上的等值,翻译的任务在于进行尽量充分的阐释。雅各布森在学科史上首次提出了符际翻译,开启了符号学与翻译学研究的结合期,超出了传统翻译研究的语言界限,如果不能说标志着翻译研究的符号学转向,至少开启了符号学翻译研究的历史。

根据苏蒂斯特(E. Sütiste)(2008)的统计,雅各布森《论翻译的语言学问题》一文对语言学、符号学和翻译学都有一定程度的影响,《语言与语言学百科全书》(*The Encyclopedia of Language and Linguistics*)(Asher,1994)、《语言与语言学百科全书》(*Encyclopedia of Language & Linguistics*)(Brown, 2006)、《符号学百科辞典》(*Encyclopedic Dictionary of Semiotics*)(Sebeok, 1994)、《符号学:符号之自然文化理论基础手册》(*Semiotik: Ein Handbuch zu den zeichentheoretischen Grundlagen von Natur und Kultur*)(Posner et al., 1997—2004)、《翻译研究百科全书》(*Routledge Encyclopedia of Translation Studies*)(Baker,1998)、《翻译:翻译学国际百科全书》(*Translation: An International Encyclopedia of Translation Studies*)(Kittel et al.,2004)都引用了雅各布森的符际翻译思想,有关统计数据见表1-3。

表1-3　雅各布森的符际翻译的影响

语言学百科全书		符号学百科全书		翻译学百科全书	
版本	引用数量	版本	引用数量	版本	引用数量
Asher (1994)	4	Sebeok (1994)	1	Baker (1998)	6
Brown (2006)	1	Posner et al. (1997—2004)	1	Kittel et al. (2004)	16

(二)符际翻译的历史价值和当代意义

学者们对雅各布森的翻译三分法表现出了不同的态度,有赞同,有批评,也有学者尝试对其进行修正和完善。我们要正确审视和看待雅各布森对符号学和翻译学融合发展所做出的历史贡献:翻译三分法,尤其是符际翻译的提出,将符号学引入翻译研究,这无疑具有学科创新的历史价值和当代意义。

霍恩比(Snell-Hornby,2006:21)认为,雅各布森是受到皮尔斯类型学的启发而提出翻译的类型学划分,翻译类型理论可以在字幕翻译、符际多模态翻译等领域发挥作用。霍恩比并没有将之称为符号学范式的翻译研究或翻译研究的符号学转向。可见,霍恩比将符际翻译视为一种翻译概念的创新或理论视角的更新,她关注的是理论的应用维度和效度,而不是学科创新。

格雷(D. L. Gorlée)(2004)基于皮尔斯符号学对雅各布森的翻译三分法的影响对其给出了更加深刻的评价,在肯定了其理论创新的价值之外,还从本体论出发指出了语内翻译是一元论、语际翻译是二元论和符际翻译是三元论,从方法论出发指出了符际翻译概念的不足之处,即雅各布森将符际翻译定义为"用非语言符号解释语言符号"(Jakobson,1959:233),在逻辑上遗漏了"用语言符号解释非语言符号"以及"用非语言符号解释非语言符号"。语内翻译、语际翻译和符际翻译是理解源语文本符号被移植和(元创)作(metacreate)为译入语文本符号的新理论尝试。语内翻译属一元活动,涉及同一语言符号系统内部的对等;语际翻译是传统语言学意义上的翻译本体,属于二元活动,涉及两门或以上语言对等;符际翻译是三元活动,探究跨介质转换(Gorlée,2010:58)。

黄忠廉和李正林(2015:95)批评雅各布森的翻译三分法标准混杂:"若按符号分,有符内翻译和符际翻译;符号若为语言,则可再分为语内翻译和语际翻译。"贾洪伟在《雅可布森三重译域之翻译符号学剖析》(2016c)以及《翻译符号学的三域问题剖析》(2020a)两篇文章中对雅各布森提出的语内翻译、语际翻译和符际翻译三分法展开了深入的批判分析。一方面,他肯定了雅各布森的翻译三分法为符号转换分析提供了参考依据,在某种程度上打破了当时翻译研究固守语际翻译一个维度的僵局,大大地拓宽了翻译研究的领域和视角。另一方面,他也指出了翻译三分法存在的问题:第一,划分逻辑错层、无法涵盖所有符号转换类别,尤其是未涉及有形符号和无形符号转换问题;第二,未纳入反向翻译或逆向翻译(回译)、合译、转译、编译、摘译等范畴,未考虑到中介虚拟文本;第三,忽视了主体要素,人是创造、使用和解释符号的主体,如作者、译者、读者、赞助商、书报检察机关等,且应重点考察符号主体对符号转换的影响甚至决定性作用。

柯蒂斯和哈塔玛-海诺宁(Kourdis & Hartama-Heinonen,2023)认为,雅各布森建立了符号学和翻译学研究之间的关联,引发了一个诱人和有前景的研究领域,体现的是语言中心主义思想,预示着翻译学研究的符号学转向,虽然这一转向至今仍未实现。

我们认为,首先,雅各布森的翻译三分法是翻译学与符号学联姻的首次尝试,具有重大的理论意义和现实意义,启发了后来学者从符号学理论和视角探讨分析翻译问题。其次,雅各布森的翻译分类存在标准不一致问题,即雅各布森把翻译分为语内翻译、语际翻译和符际翻译遵循的不是一个标准,如果以语言为标准,可以区分语内翻译和语际翻译,那么,此时的符际翻译并非以语言为标准划分的范畴;如果以符号为标准,则会区分符内翻译和符际翻译。任何范畴的划分要有统一的标准,能一以贯之、统摄全局。如以语言为标准,符号可分为语言符号和非语言符号,进而区分出语言符号系统间的转换(如古汉语与现代汉语、方言与普通话、俄语和汉语①的转换)、语言符号和非语言符号间的转换(如把绘画、音乐、舞蹈、建筑等非语言符号解读为语言符号,或者相反,将小说转换为戏剧、电影、舞蹈)、非语言符号间的转换(如将心情、思考转换为音乐、图像、动作、颜色、形状,或者相反,即宇宙万物对人心情、认知、知识结构的潜移默化);如以符号为标准,则可区分出一种符号系统内部的符内转换、不同符号系统间的符际转换、符号和非符号间的转换,以及非符号之间的转换。但这两种标准都不能涵盖全部的翻译对象。再次,按照皮尔斯的正向符号活动和逆向符号活动概念,翻译也应存在着正向翻译和逆向翻译两种形式。

二、图　里

(一)翻译符号学的提出

1979 年在维也纳召开的第二届国际符号学大会上,图里宣读了论文《翻译文本中的交际——符号学路径》("Communication in Translated Texts: A Semiotic Approach"),指出:"纠结于原文—译文的反复讨论使得翻译学研究处于停滞状态,是时候去审视能覆盖翻译现象的新视角了。"

---

① 古汉语、现代汉语、方言、普通话、俄语等在本质上都是独立的语言符号系统,但不是同质的语言符号系统,即使是方言和普通话之间也存在着发音、指称、词汇、句法、修辞等诸多方面的差异,严格意义上,不能把它们视为同一语言符号系统,这也符合索绪尔对语言符号系统核心特征的界定:系统性、任意性、线性等。

（Toury,1980:15）图里认为,这一新视角就是符号学视角,他建议使用"翻译符号学"（the semiotics of translation）①这一名称,从符号学理论视角探究翻译中的交际问题将会引导翻译学研究超越语言文化观。无论是原文中心主义还是译文中心主义,都导致了翻译目的论的缺失,即翻译是如何发挥作用来满足特定目的的问题。借鉴雅各布森（Jakobson,1959:234）"语言交际的内容是语词信息"的观点,图里（Toury,1980:15）得出"翻译交际（translational communication）或翻译是语词信息跨越语言文化的边界",这样一来,交际与转换（transfer）便成为一对对等的范畴,无论交际还是转换,对象都是信息。

"我所设想的符号活动是属于特定系统的一个符号单位生成了属于另一个系统的符号单位的转换操作,换句话说,这一过程范畴是系统间的（inter-systemic）或跨系统的（cross-systemic）。"（Toury,1980:12）图里假设,基于某种共性,初始单位（initial entity）经过转换跨越了符号系统的边界,从而成了结果单位（resultant entity）,如果结果单位和初始单位属于不同的系统,那么,结果单位就已经区别于初始单位了。共性即转换前后的不变量或恒量,也可能是一种先验存在、常识、共相,转换后的单位具有双重属性,一方面它属于特定的符号系统,另一方面它同时表征另一系统,或至少具有表征另一系统的潜势。每次转换涉及两个符号、两个符号所在的系统以及三组关系:符号与所在系统的关系、两个符号间关系（充分、一致、对等）、两个符号系统间关系。一个初始符号可以转换为多个结果符号,因为在理论上只要它们之间存在着某种共相,这种转换就是可能的、潜在的。这种一对多的转换模式常常具有不可逆性,即一个结果符号也可能同时对应多个初始符号。符号学的核心任务是系统和全面探究符号活动的详尽过程,涉及符号构成、组合、使用、转换机制、效果等。

翻译过程涵盖解读源语文本信息、确立源语文本与译入语文本共享的不变量、跨越语言文化边界、重构译入语信息,所以图里强调以前翻译

---

① 波波维奇（Anton Popovič）在《文学翻译分析词典》（*Dictionary for the Analysis of Literary Translation*,1975:16）中就已经提出了"semiotics of translation",指出了翻译的时空差异的符号学本质。

研究中被忽视的目的论翻译维度,他将其称为"在特定语言文化系统中被翻译信息的交际(communication in translated messages)"(Toury,1980：17)。在人类所生活的外在世界与内在世界存在着不同的符号系统,这些符号系统,如交通信号灯、路标、旗语、地名、制服、秩序、法规、习俗、惯例、常识等,按照各自的规则执行着不同的意指任务。洛特曼(Lotman,1977)提出,自然语言是第一模式化系统,以自然语言为基础则形成了第二模式化系统(如艺术、音乐、建筑、宗教、政治等),洛特曼把文化视为文本的集合,这样,语言文化翻译的研究对象从语言间转换变为了文本间转换。

应该指出,图里关于翻译符号学这门独立学科的设想至少涵盖了皮尔斯的符号活动、索绪尔的符号系统观、洛特曼的二级模式化系统、佐哈尔(Itama Even-Zohar)的多元系统论,以及维特根斯坦(Ludwig Wittgenstein)的家族相似性等。但总体而言,图里的翻译符号学建构体现出明显的文化符号学倾向,这体现在他为《符号学百科词典》(*Encyclopedic Dictionary of Semiotics*,1986)撰写的"翻译"词条之中。

(二)文化符号学视角下的翻译定义

图里为西比奥克主编的《符号学百科词典》(*Encyclopedic Dictionary of Semiotics*,1986)撰写了"翻译"词条(1111-1124),以"文化符号学视角"为题阐述了符号学理论对翻译研究的启示,进一步推动了符号学与翻译学的融合发展。

为解决使用不同学科术语探究翻译事实带来的不一致甚至矛盾问题,图里提出了三个基本术语：translating、translation、translatability。具体而言,translating指一个跨越系统边界的行为或过程,也可指一系列的操作或过程。把在一个文化(次)系统中发挥特定功能的一个符号实体(semiotic entity)即初始单位转换为另一个符号实体即结果单位,该结果单位在另一个文化(次)系统中至少是一个潜在成分,因其与初始单位存在某种共性而发挥作用。translation作为一个符号系统的一个实体,在另一个符号系统中存在着与它事实上等值的实体,但逻辑上和时间上早于它。translatability指在特定假设对等条件下,属于两个不同系统的符号实体可以互换(Toury,1980：1112)。根据图里的描述,我们可以大致得出以下结论:第一,translating 强调的是转换过程,可译为"翻译行为";translation 强调源语文本和译入语文本的对等关系,可译为"翻译文本";translatability 强调可转换性,可译为"可译性"。第二,图里的三个术语都体现出二元对立观,基于源语文本和译入语文本的对立,不同之处在于对过程或行为的强调。

图里的文化符号学视角下的翻译思想明显受到皮尔斯、索绪尔、莫里斯、雅各布森、洛特曼、奈达、佐哈尔等人的影响,涉及符号活动、符号行为、文化符号学、符号实体、符号系统、边界、跨系统转换(cross-systemic transference)、文本、功能、离散符号、连续统、符号组合、符号系统层级等概念。图里认为,雅各布森的语内翻译、语际翻译和符际翻译三分法是基于符号实体所属系统和代码的区分而得出的翻译过程类型,图里关于翻译的分类如图 1-1 所示。

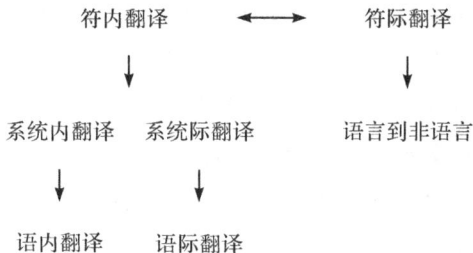

图 1-1　图里关于翻译的分类(Toury,1980:1114)

图里的翻译学分类有以下不足:第一,具有明显的语言中心主义倾向;第二,现实中的翻译行为是一个更加复杂的过程,需要跨越远不止一个系统边界;第三,方言际翻译不应被一刀切地归为语内翻译,也存在着语际翻译的情况;第四,不同符号系统有自己特定的符号组织原则,不能简单归结为洛特曼的第二模式化系统;第五,应基于互相排斥的原则得出系统分类。

图里将翻译过程分为四个阶段:把初始单位分解为特征→选择要保留的部分特征→将这些特征进行跨符号边界转换→重构转换的特征,并与初始单位建立某种程度的相关性。图里强调,四阶段划分只是理论上的,现实翻译过程呈现为一个连续统,并没有截然清晰的分界线,而且各阶段可能持续整个翻译过程。符号转换前后所保留的不变量或恒量可能因人、因时、因地存在差异,如同一译者翻译的前后版本之间有语义、语用、修辞、联想、隐喻、读者群体等方面的差异,因此,可使用对比方法开展类型学研究,分析、整理、归纳不同翻译对符号恒量的保留,据此提出翻译关系类型的划分依据,如功能、形式、隐喻、感染、美学、信息、心理、仪式等,根据文本类型得出翻译类型,如文学翻译、宗教翻译、科学翻译、史学翻译等。在符号学框架下,可根据结果符号和初始符号间的三级范畴关系划分翻译类型。

1995 年图里出版了《描写翻译学》(*Descriptive Translation Studies and Beyond*),提出了翻译符号学的设想,期待符号学能为翻译研究带来新的启示、引发讨论,在解释翻译本质、翻译研究路径方面有所突破。图里提出的一些概念成为翻译符号学理论建构的重要部分,如守恒、转换、翻译符号学等,他把翻译视为信息在转换中守恒、离散符号组合为符号文本、简单符号组合为复杂符号的过程,"所有这一切在经过适当的转换后,都可以跨越系统边界加以转换""一旦进入翻译过程,语言文本就可能要跨越不止一个符号边界"(Toury,1986:1112-1113)。但图里还没有明确赋予翻译符号学以独立学科的定位,也没有建构理论框架、展开应用探索,仍是在一种理论交叉视角下,借助其他学科理论探讨翻译研究方法的尝试,还没有上升到翻译学本体论。

直至今日,图里的这一倡议并未引起学者们的广泛关注,符号学范式下的翻译研究,无论从广度还是深度方面看,都远未达到语言学范式和文化学范式下翻译研究的水平和高度。如潘文国(2023:9)所言:"光杆的'翻译学'是本体论的翻译学,加了限定语后的'××翻译学'可能是本体论的翻译学,但更可能是方法论的翻译学。鉴别的办法是看能不能回答'一切翻译都是××'这个问题,能回答的就是本体论的翻译学,否则就只是方法论的翻译学。"

三、洛特曼

(一)洛特曼与世界上最早的符号学刊物《符号系统研究》(*Sign Systems Studies*)

洛特曼是最早采用结构主义符号学方法研究苏联文学和文化的学

者,也是莫斯科-塔尔图符号学派的奠基人。洛特曼的学术成就得到其他国家的认可,他曾任国际符号学会的副主席,被评为英国科学院通讯院士(1977)、挪威科学院院士(1987)、瑞典皇家科学院院士(1989)、爱沙尼亚科学院院士(1992)。1993 年,他因《亚历山大·谢尔盖耶维奇·普希金作者自传》(*Александр Сергеевич Пушкин. Биография Писателя*)和《А.С.普希金的小说〈叶甫根尼·奥涅金〉评注》(*Комментарии к Роману* 〈 *Евгений Онегин* 〉 *Биография А. С. Пушкина*)获得普希金奖章。洛特曼关注的核心问题是文化和艺术,他把自然语言视为第一模式化系统,文化和艺术是建立在自然语言之上的第二模式化系统,文化和艺术的功能在于信息的保存和人们之间的交际。洛特曼研究文化和艺术,旨在为不同文化之间的平等交际寻找一个平台和文化描写的元语言工具,而文化符号学则是他研究的主要成果。除了文化符号学,洛特曼的学术兴趣还涉及结构主义诗学、文化类型学、电影符号学、普希金研究等方面。洛特曼的著述达上千种,其中许多被译为多种文字。其作品集中收录于圣彼得堡艺术出版社从 1994 年至 2003 年出版的九卷本洛特曼著作集:《俄罗斯文化讲座》(*Беседы о Русской Культуре* ,1994)、《普希金》(*Пушкин* ,1995)、《论诗人与诗歌》(*О Поэтах и Поэзии* ,1996)、《卡拉姆辛》(*Карамзин* ,1997)、《论俄罗斯文学》(*О Русской Литературе* ,1998)、《论艺术》(*Об Искусстве* ,1999)、《符号域》(*Семиосфера* ,2000)、《俄罗斯文化史与类型学》(*История и Типология Русской Культуры* ,2002)、《心理的素养》(*Воспитание Души* ,2003)。

20 世纪 50 年代末 60 年代初,苏联科学院斯拉夫学研究所和塔尔图大学俄罗斯文学教研室是苏联结构主义符号学研究中心。1962 年 12 月19 日至 26 日,苏联科学院斯拉夫学研究所和控制论研究中心共同组织了"符号系统的结构研究研讨会",标志着莫斯科-塔尔图符号学派的形成。1964 年洛特曼创办《符号系统研究》,这是世界上最早的符号学刊物,到1992 年停刊时共出版 25 卷。1998 年复刊,至 2024 年 12 月出版到 51 卷,每卷 4 期,分 2—4 本出版,以英语、俄语为工作语言。

1974 年,塔尔图大学出版社出版了《第二模式化系统全联盟论坛论文集》(*Сборник Статьей по Вторичным Моделирующим Системам*),刊登

了洛特曼的一篇题为《第一和第二模式化交际系统》("Первичные и вторичные моделирующие коммуникационные системы")的俄文论文，1977 年，该文英译版收录在《苏联符号学选集》(*Soviet Semiotics: An Anthology*)中。20 世纪 60—80 年代的莫斯科-塔尔图符号学派是苏联符号学的代名词，因对俄罗斯文化研究的符号学视角被学界统称为文化符号学派。该学派基于俄罗斯独特的人文和历史传统，从对文学文本的研究扩展至各类文化文本，逐渐走向了符号学对文化的整合性研究，极大丰富了世界符号学研究的内容，并成为符号学版图的重要组成部分。洛特曼于 1982 年在塔尔图大学建立历史和符号学研究所，关注以文学方法论分析整个俄罗斯文化历史领域，《文化与爆炸》(*Культура и Взрыв*，1992)、《艺术文本的结构》(*Структура Искусственных Текстов*，1998)、《思维世界》(*Внутри Мыслящих Миров*，1999)、《符号域》(*Семиосфера*，2000)、《俄罗斯文化历史与类型学》(*История и Типология Русской Культуры*，2002)等著作集中体现了他的文化符号学理论的主要思想，即意义的生成机制、文化与历史的关系、文化类型比较研究的元语言、符号域等。

1993 年洛特曼去世后，文化符号学阵营的学术组织变得更加松散，研究方向也不再局限于文化符号学，莫斯科-塔尔图符号学派逐渐形成了新塔尔图符号学派。以库尔(K. Kull)为代表的学者们在乌克斯库尔(Jakob von Uexkül)符号学基础上发展出生物符号学，关注微观的生态环境与文化的符号意义关系。以特洛普(P. Torop)为代表的学者们则发展了文本概念，把自然视为等待被阅读和阐释的具有完整意义的文本，这是对洛特曼以自然语言为第一模式化系统和以文化等为第二模式化系统理论的深化，并且以文化符号学为理论根基发展了翻译符号学、文本翻译学、全译等思想。我们在此以文化符号学和符号域这两个概念为切入点，在回顾和梳理这些概念发生、发展的基础上，展现洛特曼学术思想的发展脉络。

(二)文化符号学

1970 年，洛特曼在第四届塔尔图符号学夏季讲习班上最早提出了"文化符号学"(semiotics of culture)这一术语。1973 年，一部集体性著作《文化符号学研究论文集》(*Theses on the Semiotic Study of Cultures*)的出版成为文化符号学作为独立学科以及莫斯科-塔尔图符号学派进军国际学术界的标志性事件。莫斯科-塔尔图符号学派的核心成员洛特曼、伊万诺夫(В. В. Иванов)、托波罗夫(В. Н. Топоров)、皮亚吉格尔斯基(А. М. Пятигорский)、乌斯宾斯基(Б. А. Успенский)等都参加了《文化符号学研究论文集》的撰写,文集是为 1973 年在华沙举行的第七届国际斯拉夫大会准备的。文集于 1973 年在波兰(俄语版)和爱尔兰(英语版)出版,随后相继被翻译为法语(1974)、意大利语(1979)、德语(1986)、爱沙尼亚语(1998)、葡萄牙语(2003)和西班牙语(2006)。文化符号学的研究对象是不同符号系统间的功能关系,重点关注文化语言的层级结构,"每种文化都以符号系统间的独特关系为特征,因此,在讨论文化时重要的是要理解它的历史进化"(Salupere & Torop,2013:15)。

    文化符号学把文化视为文本的总和,以文本为文化的基本单位,关注文本的符号功能、符号层级、符号结构、符号非对称性、不均衡性、拓扑性和文化多相性,在动态性和开放性的原则下观察文化的动态平衡。文化可通过各种文化语言表达,这些文化语言既包括自然语言,也包括自然语言基础之上形成的第二模式化系统,如哲学、法律、音乐、建筑、宗教、艺术、绘画等语言,这样,抽象的文化便具有了可以分析的运作形式和具象载体。总体而言,文化就是文本的总和、信息的总和、符号系统的总和,"文化符号学的主要问题是意义的生成问题"(Лотман,2000:640)。信息建构为文本,文本在传递信息的过程又会产生新的信息,而新的信息又以文本的形式保存下来,在这一意义上,文本是信息的产生、传递、保存机制。

    文本是洛特曼文化符号学理论的核心概念,"文本是完整意义和完整功能的携带者。从这个意义上讲,文本可被视为文化的第一要素或基本单位"(Лотман,2000:507),这样,文本从静态的、固定的语言成分,发展为具有信息的保存与传递、意义的生产与创新功能的动态文化因素,"文本不再被理解为有着稳定特征的某种静止的客体,而是作为一种功能存在"(Лотман,2000:102)。文本不必是自然语言符号构成的,任何具有完整表意的符号组合都可理解为文本,如绘画、音乐、舞蹈、建筑、雕塑、手势、信号、旗语等,因此,文本可以是单一类型符号的组合,也可以是不同类型符号的组合(如电影文本对声音、光线、语言、姿势、颜色、图像等的综合运用),这是后期洛特曼对文本多语性特征理解的重要前提。

文化新信息的产生源于离散型文本与连续型文本之间的张力、文本与文化语境的交际。文化具有层级性,不同领域的符号构成了文本符号系统,各种文本符号系统又进一步构成了文化,洛特曼受雅各布森语言交际功能(语言功能六要素模式或六功能理论)影响,把单个的语言符号的交际模式发展为文本层交际。这样一来,文化不再是无序的、散乱的难以整体把握的信息,而是可以通过文本符号系统组织起来的复杂机制。洛特曼认为,交际可分为"我—他"交际模式和"我—我"交际模式(即自我交际),交际过程具有双向性,交际双方都既是信息发送者,又是信息接收者,因为他们共同参与了新信息的传递,"洛特曼的文本理论彻底打破了意义的终结性和一次性。在这一点上,他与解构主义文本观在精神上是契合的"(康澄,2005:47)。

(三)符号域

洛特曼的符号域概念,经过库尔、特洛普、米·洛特曼(M. Lotman)、霍夫梅尔(J. Hoffmeyer)、迪利(J. Deely)等人的批判式继承与发展,成为翻译符号学可资借鉴的重要概念之一。洛特曼将文化视为文本的集合,各种不同文本可能是由语言符号系统和非语言符号系统构成的,文本间的关系"沿着完全可译性到彼此不可译性的路径发展"(Lotman,1990:125)。

洛特曼把翻译视为符号学研究的工具,"对话是翻译的基本机制"(Lotman,1990:43)。他假设每种文化都有自己的边界,处于一种文化边界内部的所有符号都承载着文化信息,由各种不同的符号构成的文化文本间遵循着符号活动的交流机制,构成了一个分为核心和边缘结构的不匀质符号域,发挥着翻译的转换作用,"符号域以外不存在符号活动"(Lotman,1989:44),"文本的产生包含着大量的符号转换。在不同符号系统的边界(零位线的交叉点)上发生了翻译行为,而意义的重组不是完全可以预测的"(洛特曼,2011:206)。

文化与翻译具有可类比性,即文化本质上是一种翻译机制。文化的边界成为异质文化间交流的过滤器，是文化保护和过滤机制。异质文化成分跨过符号域的边界进入一种文化后会产生新的信息，创造新的意义。同时，符号域内的各种符号系统也处于流动和变化过程，类似于一个拓扑结构，虽然文化的外在形式表征发生变化，但文化最本质的内核却保持不变，即所谓的文化民族性，这是一个民族得以存在和发展的最深沉力量。特定符号系统在文化的不同历史发展时期可能从主流和中心位置走向边缘，与此同时，处于文化边缘位置的符号系统也可能走向中心，成为主流意识形态的表达和再现系统。

任何一个文本都始于作者意图，然而，从作者意图到最终文本的形成却是一个复杂的过程。在多维的、初始象征阶段，作者意图存在于众多潜在材料中，如传统、想象、互文等，这一阶段的符号类型是象征符号、图像符号、非线性符号、空间符号，随着作者意图找到了载体，在逻辑上不断变得清晰，零散的节点不断结合、链接，"结构上有组织的、相互作用的整体形成了，此时我们可以说文本出现了"（洛特曼，2011：207）。文本既是个人的，同时也是集体的，"文本的第一次符号转换发生在文化集体记忆和个人意识的边界上"（洛特曼，2011：199）。读者如果要阅读文本并进一步与文本互动，就需要通过文本的符号系统来进行，某种共同的记忆是双方交流的前提和基础，"文本选择了它自身的读者，创造了与自己形象一致或相似的读者"（洛特曼，2011：194）。文化文本、符号域、边界、自我交际（autocommunication）、异质交际（heterocommunication）等是洛特曼文化符号学翻译思想的集中体现：一方面，符号活动产生意义；另一方面，意义通过符号活动得以传递和交换、存储、记忆，文化是翻译不断积累的结果。

第三节　学科创建期

我们在此以格雷、特洛普、哈塔玛-海诺宁为代表展现国外学者们在翻译符号学领域的不懈探索和最新成果，总结归纳翻译符号学学科创建初期诸位前贤的理论贡献，批判分析其不足，为进一步完善翻译符号学的理论框架和应用探索提供前期基础。《符号系统研究》（*Sign Systems Studies*，2008

年第 2 期、2012 年第 3/4 期、2013 年第 4 期、2015 年第 1 期)、《刺点》(*Punctum*,2015 年第 2 期)、《符号学》(*Semiotica*,2007 年第 1 期)、《布鲁姆斯伯里符号学》(*Bloomsbury Semiotics*,2023 年第 2 期)等国际符号学、翻译学权威杂志多次开设翻译符号学研究专栏,体现了国际符号学界对翻译符号学理论建构和应用探索的持续关注,此外,学界还出现了生物符号学翻译研究(Marais & Kull,2016;Marais,2019)等相关研究成果。

一、格 雷

(一)《符号学与翻译问题研究——以皮尔士符号学为纲》

从 20 世纪 80 年代开始,格雷持续发表翻译符号学研究的文章和论著,为推动翻译学与符号学的学科融合以及翻译符号学作为一门独立学科的形成与发展做出了奠基性贡献。1990 年,格雷在意大利安达卢西亚符号学会国际研讨会上宣读了论文《翻译即叛逆:论翻译符号学》("Translation as Rebellion:On the Semiotics of Translation"),明确提出了"翻译符号学"(Semiótica de la traducción)。这标志着翻译符号学学科创建期的开始。格雷的翻译符号学[①]思想和理论贡献主要体现在其博士学位论文《符号学与翻译问题——以皮尔士符号学为纲》(*Semiotics and the Problem of Translation:With Special Reference to the Semiotics of Charles S. Peirce*,1994)[②],以及《翻译符号研究——文本和符号学翻译研究》(*On Translating Signs:Exploring Text and Semio-Translation*,2004)、《歌曲与意义:音响翻译之利弊论》(*Song and Significance:Virtues and Vices of Vocal*

---

① 格雷在《符号学与翻译问题——以皮尔士符号学为纲》(1994)中开始使用"符号翻译学"一词,将符号学视为一种理论工具和研究方法,探究翻译中的符号现象,其学科归属于翻译学。

② 《符号学与翻译问题研究——以皮尔士符号学为纲》由南开大学出版社于 2019 年出版,其译者是我国翻译符号学领域的先行者贾洪伟。2020 年贾洪伟编著的《翻译符号学初探——格雷论文选析》出版,该书围绕符号学与翻译联姻主题,选取了格雷的七篇论文《元创作》《跨符码翻译:歌剧唱词与配乐》《维特根斯坦、翻译与符号学》《一级符号、二级符号、三级符号与偶然性》《歌德的翻译注释》《间隙弥合——古希腊经典翻译之符号学解读》《翻译之黑匣:镜式之本质》。这些论文中除《维特根斯坦、翻译与符号学》是《符号学与翻译问题——以皮尔士符号学为纲》的内容,其他各篇文章皆与符号学翻译研究密切相关。

Translation, 2005)、《翻译的黑匣子——镜式本质》("The Black Box of Translation: A Glassy Essence", 2010a)、《元创作》("Metacreation", 2010b)、《翻译中的维特根斯坦——符号学之维》(*Wittgenstein in Translation: Exploring Semiotic Signatures*, 2012)等著作和论文中,为翻译符号学的理论建构和实践探索提供了重要参照。

《符号学与翻译问题——以皮尔士符号学为纲》是世界上首部依托皮尔斯符号学相关理论开展翻译研究的著作,其出发点为皮尔斯的著名主张:一个符号的意义在于将其转换为一个对等的符号或一个更加发达的符号(*CP* 2. 228)。皮尔斯努力将形而上学科学化,他秉持进化论的宇宙发展观和实证主义的态度,认为一切都是运动变化的,只有无限趋向真理这一点是确定的。格雷(Gorlée, 1994:231)在《符号学与翻译问题——以皮尔士符号学为纲》一书中集中论述了翻译符号学研究的合法性、可能性和必要性:"翻译符号学研究是一个单向的、未来趋向的累积性不可逆过程,即连续地朝向更高级别的理性化、复杂化、连贯性、清晰性和确定性迈进的过程,同时不断地和谐了混乱、无组织的问题译文(和译本的各层面和/或相关元素),中和了可疑、误导的错误翻译。"这是格雷探索翻译符号学的初衷,即基于皮尔斯一般符号理论发展一门全新的翻译理论,解决翻译遇到的感性、简单化、断裂性、模糊性、无组织性等问题。这些问题既是翻译符号学研究的任务,也是翻译符号学展开研究的必要性。

格雷的学术视野不限于皮尔斯符号学,除了符号活动、符号类型、解释项、对象、范畴、知识可错论、宇宙进化论、归纳、演绎、溯因等,她还探究了维特根斯坦、歌德等学者的翻译思想,而且尝试了翻译符号学的应用研究,如歌剧翻译。在皮尔斯实用主义哲学视角下,翻译就是意义不断产生的过程,具有鲜明的逻辑实用性、普遍性、无限性、未来性和合理性。

(二)格雷翻译符号学研究的理论贡献

第一,格雷是学科历史上首位较系统、较全面、较深刻地推进符号学与翻译研究联姻发展的学者,她的系列专著和论文以皮尔斯符号学理论为核心,此外,"又旁及游戏论、几何学、法学和思想史"(格雷,2019:17)。

第二,格雷的翻译符号学研究可归结为借助符号学理论、方法研究翻译问题的新视角,在学科归属上更倾向于翻译学,她在后期使用"符号翻译学"命名其理论,反映出她的翻译学倾向。也有学者持不同观点,如蒋骁华(2003:21-22)认为:在本质上格雷的研究仍属于符号学,在很大程度上是皮尔斯符号学在文本中的阐述,只是从符号学视角探讨翻译现象,旨在证明翻译可以同化为符号活动。

第三,格雷采用对比方法研究了维特根斯坦的语言游戏,皮尔斯的镜像本质,符号的三级范畴,雅各布森的语内、语际和符际翻译三分法,本雅明的语言哲学等,并得出一个重要结论:"翻译在逻辑上等同于皮尔斯符号学概念中的符号活动。"(格雷,2019:18)换句话说,翻译即符号活动,这是翻译学和符号学联姻的学理依据。

第四,格雷的翻译符号学研究对象不局限于自然语言范畴,她讨论了歌剧、歌曲、音乐、游戏等符号转换问题,以及古希腊经典文本的跨文化、跨语言、跨时间、跨空间翻译问题。从语言到音乐、歌剧唱腔是从语言符号向非语言符号的转换,也是有形符号向有形符号转换,该类转换还涉及电视、电影、歌剧的字幕翻译。格雷将有形符号和无形符号纳入符号分类范畴,无疑拓展和丰富了传统的符号类型,增强了符号理论的阐释力。

第五,郭建中(1999:130-132)认为,《符号学与翻译问题——以皮尔士符号学为纲》是一本非常重要的跨学科著作,它阐述了皮尔斯符号学理论怎样与翻译理论进行有意义的相互作用,该书有三个独到之处:研究角度创新和涉及内容广泛;论述中综合各种观点,辩证性强;具体内容阐述上充满新意。

第六,格雷的最大贡献在于开启了翻译符号学创建期,为我们继续探索翻译符号学提供了动力、信心和方向指引;格雷批判了索绪尔的语言符号静态观和系统规则观,推崇依据皮尔斯的符号活动开展翻译的动态研究,这种开放性、动态性、无限性更符合翻译现象的特点;格雷融合了维特根斯坦与皮尔斯的符号学相关理论,完善了符号学应用于翻译研究的理论和方法。总体而言,格雷的翻译符号学研究实践具有巨大的引领和开拓作用,为我们提供了阅读和融合前人研究成果、开展跨学科研究的方法论。

(三)格雷翻译符号学研究的不足之处

第一,《符号学与翻译问题——以皮尔士符号学为纲》是格雷的博士学位论文,全书共分为十部分:绪言;皮尔斯符号学原理;翻译、游戏符号学与决策;维特根斯坦、翻译与符号学;皮尔斯与翻译问题:灵魂与躯体;同异论:本雅明与皮尔斯;继皮尔斯和雅各布森之后的翻译;等值、翻译与译者角色;等价:契约符指过程与翻译;结论与建议。全书历时七年(1985—1992)完成,该书大部分内容在出版前已发表过。因此,全书存在各章内容有一定程度的重复、术语表述不一致、系统性不强、各章节缺乏层层深入的逻辑性关系,而且内容上的多寡也不均衡、文本结构失衡等缺陷。

第二,格雷尚未能成功建构符合学科学要求的翻译符号学,即涵盖学科史、本体论、方法论、认识论、目的论理论框架的独立学科,没能系统界定和全面论述独立学科所需的基本概念、研究对象、研究范围、研究方法等。

第三,虽然格雷已经涉及个别重要代表性人物的介绍和阐释,如皮尔斯、维特根斯坦、雅各布森、本雅明、歌德等,但其对翻译符号学研究历史的整体考察和梳理还有待完善。学科史的书写无疑对于学科的发展具有重要的基础性意义:一方面,可以呈现整个学科发生、发展的进程;另一方面,通过对代表性人物的回顾总结,可发现其重要理论的渊源和内在发展逻辑。

第四,虽然格雷明确指出了翻译学和符号学界面研究的依据,认为翻译学和符号学"从不同方法论角度,论及交际的诸方面,且二者均关涉信息或文本(即符号)的使用、阐释和操纵"(格雷,2019:19),但翻译符号学与相关学科,如符号学、翻译学、哲学、文化学等的理论渊源有待深入和全面展开。

第五,格雷对翻译符号学的应用和具体阐释还显不足,如与皮尔斯的符号活动、符号分类和三级范畴、符号生长等理论还没有建构有效的互动联系。符号生长是符号阐释的结果,是思想从潜势到表征、从模糊到清晰、从生涩到成熟的生长和完善过程,思想的完善伴随着创新意识和对世界认知的深化与拓展。每一次符号活动都会产生新的解释项,这是思想潜势的再现或可见化,承载着表征、传达并存储思想的功能。符号转换是符号学区别于传统语言学翻译、文化学翻译的最大特点和优势,符号转换的基础、过程、机制等如何形成一个有机互动系统是符号学翻译研究的重要研究内容。

第六,有些学者的批评和建议也有参照价值,如 Shen(1996:56-57)指出,"她[格雷]没有成功构建翻译研究特有的符号学理论,而符号学仍处于研究的工具论地位;没有系统分析和提供有形符号与无形符号的有效分类"。郭建中(1999:133-134)从四个方面总结了《符号学与翻译问题——以皮尔士符号学为纲》的不足之处:理论阐述系统性不够强;研究虽然涉及广泛的范围,但内容不够详尽;对非语言过程没有进行系统阐释;只是简要介绍有些学者的观点,对他们之间的矛盾之处没有展开分析和详细阐述。

二、特洛普

(一)特洛普的文本翻译思想

我们在此以特洛普的博士学位论文《全译》(*Тотальный Перевод*,1995)及其他论文考察他的主要翻译符号学思想,分析其学术贡献,批判其理论建构的不足。《全译》是特洛普在赫尔辛基大学攻读博士学位时写的学位论文,用俄语写成,1995 年由爱沙尼亚塔尔图大学出版社出版。特洛普是塔尔图符号学派的核心成员,世界上诸多知名符号学家都曾在塔尔图大学访学,如西比奥克、艾柯(U. Eco)、科布利(P. Cobley)、霍夫梅尔、迪利、格雷、塔拉斯蒂(E. Tarasti)等,特洛普一方面继承和发展了文化符号学,另一方面又受到西方符号学思想的影响。特洛普(Torop,2002a:598)基于洛特曼的"文化是文本符号系统的集合""翻译是文化的工作机制"等思想,提出文本翻译(текстовый)、元文本翻译(метатекстовый)、文本内翻译(интекстовый)、文本间翻译(интертекстовый)以及超文本翻译(экстратекстовый)等概念,进而以文本翻译为基础建构他的全译理论。

特洛普的文本翻译理论与功能主义的文本研究和社会符号学翻译理论既有联系,也有区别。韩礼德(Halliday,2001:108-109)认为,语言的社会符号理论涉及一些重要概念:文本、情境、文本变体或语域、代码、语言系统(包括语义系统)、社会结构等。翻译得以展开是因为原文本并不是真空般的存在,组织其内容的符号具有先在性,对它的使用依赖于其产生的情境或文本。哈蒂姆和梅森(B. Hatim & I. Mason)受弗斯(R. Firth)和韩礼德功能主义的影响,在功能交际理论基础上提出语境翻译模式,强调翻译要考察特定的社会文化语境,翻译是一种社会交际行为,文本结构与语境具有互动关系,"翻译研究的焦点已经从语言之间偶然的不可通约性,转向了语言共享的系统交际因素"(Hatim & Mason,1994:35)。

特洛普继承了洛特曼文化符号学中的文本概念,给翻译以文化定位,考察的是文化文本的翻译问题。文本是洛特曼文化符号学的核心概念,用于对艺术、文学、诗歌等文化问题的研究,其《艺术文本的结构》(*Структура Искусственных Текстов*)(洛特曼,2003)涵盖艺术文本的代码、结构、熵、情节、艺术文本与外文本的关系,以及绘画、建筑、音乐等诸多学科。因此,洛特曼的文本是文化文本,超出了语言符号,属于一种普遍或多模态符号文本。洛特曼明确提出翻译是文化的机制,"翻译是思维的基本行为,对话是翻译的基本机制"(Lotman,1990:143)。文化总是处于不断被引入、比较、并置、转换的动态发展过程。根据不同的标准,文化可分为民族文化、地域文化、世界文化、传统文化、现代文化、异质文化等。翻译既是保存和发展民族文化的工具和方式,又是实现与异质文化交流的机制,而文本则是与异质文化对话的基本单位和载体。特洛普在《诗学文本的文本内和文本间性》("The Problem of Intext + Intertexuality of the Poetic Text")(Torop,1991)一文中已经初步萌生了文本翻译思想,指出文本间性是文本与文本间的互相指涉关系,文本分析应包括文本语言分析和文本间性分析。"文本的产生包含着大量的符号转换。在不同符号系统的边界上发生了翻译,而意义的重组是不可完全预测的。"(洛特曼,2011:206)

特洛普的文本翻译思想集中体现在他的《全译》一书中,全书由五部分构成:全译与艺术翻译问题(文本的参数分析、翻译批评、翻译史、可译性);文本翻译;元文本翻译;文本内翻译、文本间翻译;超文本翻译。所谓全译,"一方面指扩大翻译学的研究对象,从自然语言的语词、文本扩展至非语言符号;另一方面,努力将不同学科的经验和方法论发展为统一的跨学科理论"(Torop,1995:10)。文本翻译指将一个完整的文本译为另一个完整的文本,这里的"完整的文本"涵盖:创作意识、理解意识、从构思到文字的过程、从起点到终点体现的心理特征。"元文本,如插图、注释、前言、结语、作者传记等在从文本形式转换为文化形式的过程中,原文以元交际形式进入另一种文化,如百科中的注释、翻译评论、广告、体裁、民族和地方文学等。"(Torop,1995:13)可见,任何文本翻译都伴随着元文本翻译,这是一种补充阅读和前阅读过程。文本内翻译与文本间翻译与互文性概念紧密相关,任何文本都或多或少包含着他文本,形成一种互文本关系或文本间性,如引用、典故、成语、谚语等。特洛普(Torop,1995:160)区分了九种内文本:混成作品(如集成曲、混成画、模仿作品等)、引用、风格模拟、迁喻法(如用兽中之王代替狮子)、改写(把文学作品改写为儿童读物)、代称(专有名词和普通名词的互换)、改编、讽刺、隐喻等。超文本翻译指非语言符号参与翻译过程,从原文到译文过程并非线性和单一的,而是类似于从小说到电影的拍摄,既包含语言符号(如人物对白、字幕),也包括非语言符号,如声音(如音乐、画外音)、视觉(如光线、图片、颜色)、拍摄角度(如方镜头、圆镜头)等。超文本翻译就是要把文本的多模态性以及世界结构,如客观化世界、主观化世界、想象的世界、抽象的世界,以及现实的时空关系、人物的时空关系等众多要素,从一种文本转换到另一种文本(吕红周、单红,2018c:69)。

特洛普的文本翻译思想是对洛特曼文化文本思想的创造性发展,文本的构成不再限于语言符号。洛特曼把文化视为文本的集合,文本的动态性体现在文本边界的变化状态。洛特曼(Лотман,2002:88)在《文化符号学和文本概念》("Семиотика Культуры и Понятие Текста")这篇文章中改变了从编码和解码角度理解文本的观点,而是从交际视角解释文本在文化中的循环,提出了五种互相补充的交际过程:发送者与接收者的交际、观众和文化传统的交际、读者的内在交际、读者与文本的交际、文本与文化传统的交际。

特洛普将文本作为翻译的基本单位是对洛特曼文化符号学理论的继承与发展,虽然特洛普倾向于文学翻译,但他的文本概念已经超出了语言范畴,他认为文本是文化文本,文本翻译不但包含语言符号间的转换,还涉及文学作品转换为电影与戏剧,包括语言符号和非语言符号、有形符号和无形符号,以及多模态符号之间的转换,把传统翻译的语言转换拓展至符号转换。在当前的多模态、跨媒介、融媒体时代,特洛普的广义文本概念以及他基于文化符号学发展起来的文本翻译思想对于翻译符号学的理论建构具有参考意义。

(二)特洛普的翻译符号学思想

特洛普(Torop,2000a:607)的翻译符号学总体观主要涵盖五个方面:第一,翻译符号学与符号学翻译具有相同的所指,即特洛普并未严格区分它们的学科归属,更强调符号学的方法论地位,从语言、文本、文化的符号学特征出发研究翻译;第二,补充性的翻译符号学,分析元交际和全译引发的文本间关系(如文本翻译、元文本翻译、文本内翻译、互文性翻译、文本外翻译、超文本翻译等);第三,社会翻译符号学,以后殖民、后现代视角研究翻译(社会和话语实践、习惯、读写能力等);第四,过程翻译符号学,即对不同翻译过程的符号学描写,尝试建构统一的翻译过程模型;第五,基本翻译符号学,采用符号学方法分析符际翻译。

特洛普的文本翻译思想把非语言符号纳入翻译过程,这是具有开拓性价值的贡献,拓展了翻译的研究对象,更新了翻译的研究视域。我们接下来简要分析特洛普的翻译符号学思想。特洛普作为国际上对翻译学和符号学融合研究的先驱之一,对翻译符号学研究做出了不懈探索,他的过程观、文本观、整体观构成了他从文化符号学出发构建翻译符号学研究的理论框架。

特洛普的系列文章论及翻译符号学的学科归属、研究方法、研究内容等问题,"翻译符号学是文化分析的基础学科,翻译和文化在某种意义上具有重合性,翻译即翻译文化,旨在通过翻译过程的普遍性符号模式描述文化交流和元交流现象,研究符号系统的可译性限度,考察当代文化中互文性、语域间性、介质间性系统之间的复杂联系"(Torop,2001:46)。依据其论述判断,他把翻译符号学定位为文化学,其理论依据或出发点是文化符号学,尤其是他的翻译是文化机制的论断,研究旨向是文化交流机制,翻译学和符号学都只发挥工具或中介作用。

特洛普(Torop,2008a:256)的翻译符号学不但致力于翻译学和符号学的学科融合,还重新定位了翻译学与文化学的关系:"翻译符号学可被视为这样一门学科,它研究不同符号系统间的中介过程,在宏观层次上把文化视为一个翻译机制。"符号是人认识和把握世界的中介,人对世界是一种观念性的占有。翻译过程涉及作者意图、文本意图和译者意图的融合,译者总是从自己的前理解出发,在对文本理解的基础上进行阐释,不可避免地留下译者的主体经验痕迹。理解是一个无限的互文性过程,任何理解都涉及其他相关文本的意义、理解、改写、转换等,"每个文本都是对其他文本的吸收和转换"(Hatim & Mason,1994:125)。可译性的假设前提是不同的文本之间具有可理解的共性,因为语言、文化、信仰、宗教间的不可通约性又会影响可译性的程度,翻译就是要在最大程度上寻找共性,揭示文本间、语言间、文化间甚至文明间的异质性根源,从而在克服交流障碍的基础上,实现最大化的交流。

特洛普的翻译符号学过程观认为:"一个学科的学科身份取决于其如何理解学科的研究对象,翻译学的研究对象应该在翻译过程中寻找自身定位。把翻译过程理解为一个层级性建构,即首先需要在对语言结构、语言使用规则的经验性认识这一基础上进行文本的分析、描述、解释和比较,然后需要对文本中隐含的内容进行解读,如价值判断、意识形态立场、社会政治、社会心理和伦理道德等。"(Torop,2007:352)翻译除了要考虑跨语言文化交际这一明显形式,还要审视译文在译入语语言文化系统中的交际问题,这是翻译研究关注点从源语文化向译入语文化转变的原因。文本外翻译已经超出语言的范畴从而进入文化领域,文本外翻译特别注意文本时间和空间属性的转换与表征,从而带来视觉与听觉一体的感知模式,文本是被表征之物意义潜势的实现。说话人和听话人对信息的进一步预测,依据的是对情境的知识。情境、文本、语言系统、文化处于一种复杂的交织状态,文本是一个语义过程的单位。从符号学看,翻译是为所指寻找合适的能指,即用目的语词汇表征源语文本的意义。符号不仅是一物对另一物的替代,更是对原有符号的发展,包括过程和结果两个方面,符号活动具有动态、变化、创新、发展的属性。特洛普(Torop,2007:355)把翻译过程理解为重新编码、变化、分析、综合、自治、支配等,并把这些要素分为三个等级。其中第一级是区分重新编码和变换,第二级区分归化翻译和异化翻译,或称之为分析和综合,第三级进一步区分表达平面和内容平面的关系(吕红周、单红,2016:38)。

从文学文本拓展至文化文本,从文化符号学出发开展对文化的整合性研究,基于文化的翻译机制、交流机制尝试推动翻译学与符号学的融合发展,即翻译符号学。特洛普(Torop,2015:170)在梳理文化符号学的研究历史和发展现状后得出结论:文化符号学是当代人文和社会科学诸领域的方法论工具;文化符号学把文化作为研究对象,用于分析文化各个方面的方法多样性;文化符号学是符号学和文学的一个分支学科。"文化符号学经历了从语言类型学到文化类型学的过渡,文化符号学把文化交际视为文化的自我交际,提供了文化学研究的新方法和描写元语言。"(吕红周、单红,2016:34)具体而言,基于对象语言和元语言的划分,特洛普提出了文化的对象语言和元语言的层级划分假设,任何人通过对象语言获得关于世界的认识,建立与世界的联系,通过元语言建构个人的文化身份。

文化符号学把文化视为文本的集合,所有这些文本共同构成一个文化生存与发展的空间——符号域,域内为同质文化的交流与互动,域外为异质文化文本,而连接域内与域外文化、承担异质文化间交流与过滤机制的是边界,边界的工作机制就是翻译。在这一意义上,文化符号学提供了分析文化的系统方法,为文化间互相理解提供了保障,"文化符号学的特殊性在于对文化交际过程和文化自我交际过程的互补性理解。对文化的历史分析包括对文化自我描写语言的类型研究、这些语言的共存和它们之间的互译性"(Torop,2015:179),"文化中所有类型的交际都可表征为一种文本翻译为其他文本,文化即符际翻译过程"(Torop,2000b:71),因此,文化不仅是文本总和,也是文本功能以及文本间性功能的总和。

翻译实践是意义差异的彰显,保证意义的再生和延续。意义总是特定语境上下文的意义,意义与语境具有不可分割性,意义不能随意从语境中抽取,"翻译就是要创造不同文化间的中介语"(Torop & Osimo,2010:383),译者不仅扮演中介者的角色,还为源语言创造新的描写语言,在翻译过程中面对的除了自然语言,还有元语言和描写语言,译者要增强文化的可接受性和对话能力,并且通过它们展现文化的内在多样性。翻译符号学旨在建构文化平等交流的平台,是文化交流和运行机制的元语言。

三、哈塔玛-海诺宁

（一）溯因翻译

哈塔玛-海诺宁是格雷 2001—2005 年在赫尔辛基大学翻译研究系任客座教授时期培养的硕士,哈塔玛-海诺宁的代表作品有《阐释仅是翻译的另一个词:翻译、阐释与意义的皮尔斯路径》("Interpretation Is Merely Another Word for Translation: A Peircean Approach to Translation, Interpretation and Meaning", 2006）、《溯因翻译研究——符号编织的艺术》(*Abductive Translation Studies : The Art of Marshalling Signs*,2008）、《翻译研究与多学科的魅力与幻觉》("Translation Studies and the Fascination and Illusion of Multidisciplinarity", 2011）、《重思符号翻译理论的回应》("Semiotic-Translation-Theoretical Reverberations Revisited",2012）、《融合:论符号翻译的分支、领域和学科》("Herding Together: On Semiotic-Translational Branches, Fields, and Disciplines", 2015）等。

哈塔玛-海诺宁认为,翻译符号学是基于皮尔斯符号学开展翻译研究的一种跨学科路径,旨在为翻译活动提供一种新的参考框架。哈塔玛-海诺宁的《溯因翻译研究——符号编织的艺术》主要关注翻译研究的方法论问题,从三个方面展开:（1）基于对文献的历时梳理,讨论符号学翻译研究路径的存在理据;（2）以格雷提出的翻译符号学为切入点,以皮尔斯符号学三元观为基础,探讨翻译符号学的特征、发展、现状和发展趋向;（3）以皮尔斯的溯因推理阐释翻译,将一级范畴作为溯因推理范畴前景化,将溯因作为科学推理和日常沉思方式,并对溯因翻译作为一种可能性翻译形式加以系统考察。首先,溯因翻译丰富和深化了翻译研究的符号学路径。其次,哈塔玛-海诺宁以"翻译 = 符号活动 = 阐释 = 推理"为假设前提,呈现皮尔斯符号活动这一无所不在的现象所具有的不同层面,指出翻译是从一个符号推断出另一个符号这一符际行为所固有的现象,得出翻译即阐释即符号活动(translation as interpretation as semiosis)的结论。

翻译即阐释即符号活动将语际翻译理解为文本和过程（action）①，从而为翻译本体作为阐释过程提供了前景化基础，并为翻译产品、翻译过程、翻译语境的研究提供了另一种视角。哈塔玛-海诺宁认为，普通符号学"研究符号和符号活动的条件、功能和结构，包括一般意义上的符号、所有的生命系统，以及各种类型的交际、信息交换和符号使用。从这一意义上说，符号学发挥思想启蒙的作用，是阐明人类存在、宇宙或上帝等问题的探究工具，为探究者提供多重目的的符号理论概念、视角和方法，将应用范围从对文化、社会或认知的复杂系统分析延展至对日常现象的分析"（Hartama-Heinonen，2012：314）。

基于实效主义哲学的皮尔斯符号学（又被称为阐释符号学）的翻译研究体现为一种思维实验形式，翻译即符号活动（或符号意指过程），符号通过符号活动才能成为一个更加发达的符号，因此，翻译的机制是符号活动，翻译的结果是符号生长导致的意义更新和层级化。"翻译符号学探究翻译的本质、可译性以及翻译过程的边界等相关问题。"（Hartama-Heinonen，2012：317）在翻译即符号活动的框架下，翻译过程是一个连续统、一个（符号）网络、一个开放的过程，是从对象到载体再到解释项的无限循环。解释项既是前一轮符号活动中符号载体的解释项，同时又是新一轮符号活动的符号载体，产生的解释项序列逐渐逼近对象的本质，最终解释项类似于本雅明的"纯语言"，是一种完全透明和无遮蔽的状态。符号活动没有继续阐释的空间，到达真理的同时，符号活动随即终止，符号宣告死亡。

哈塔玛-海诺宁（Hartama-Heinonen，2012）以雅各布森翻译三分法为切入点，强调翻译无处不在，指出既要关注语际翻译，也要承认语内翻译和符际翻译的共存现象，翻译同时涉及言语和非言语本质属性的系统内和系统际活动。哈塔玛-海诺宁基于翻译过程所涉不同符号系统类型的事实，指出翻译符号学研究不再以语言符号为中心，而是走向了整个有机世界以及存在符号活动的任何特定情境。

---

① 不论是符号过程（sign action）还是翻译过程（translation action）均不涉及人这一要素，与符号行为（sign act）和翻译行为（translation act）有所不同，行为必然涉及人这一符号要素。

第
一
章
国
外
翻
译
符
号
学
发
展
简
史

47

关于解释项和翻译的关系,哈塔玛-海诺宁认为,第一逻辑解释项(即直接解释项)是暗示性的纯粹猜想,属于直觉性即时翻译和工作假设,处于本能和习惯之间,是从一系列的信念走向一种潜在的习惯。第一逻辑解释项凭借直觉、本能、想象、猜想做出的抉择,以及对解释者未来行为所具有的可能性影响,促生第二逻辑解释项(即动态解释项),形成了一种个体无意识的习惯,为翻译提供可行性解决方案。第三逻辑解释项(即最终解释项)构成行为准则、最终解决方案,以及面向未来境遇的行为习惯模式,作为符号解释者的译者并非具体的个体,而是抽象的准思维体或准解释者、准发话人(Hartama-Heinonen,2012)。关于翻译符号学的学科归属问题,哈塔玛-海诺宁与格雷持相近的观点,即把翻译符号学定位为翻译学,而非符号学,主要关注人类翻译阐释过程(Hartama-Heinonen,2012)。这一倾向无疑缩小了翻译现象的边界,同时缩小了翻译符号学的指称范围,出现了前后矛盾。

哈塔玛-海诺宁(Hartama-Heinonen,2012)在《重思符号翻译理论的回应》一文中回顾了符号学与翻译的历史渊源关系,包括翻译是符号学固有的一个概念、皮尔斯的翻译即阐释、雅各布森的翻译三分法以及艾柯的符号谎言等。皮尔斯的符号活动概念统筹了再现、调节、翻译、阐释、理解、符号生长等概念,也因此成为符号学与翻译学联姻的深层基础。从本质上说,翻译就是再现、替代和符号生长,翻译过程的展开就是呈现幻想、转换文本内容、替换原文本内容,再现所被再现的内容。随着符号活动的展开,不可避免地出现新意义的生成,如意识形态、符号生产主体的发送意图、符号接收主体的阅读倾向等的生成。

哈塔玛-海诺宁(Hartama-Heinonen,2015)在《融合:论符号翻译的分支、领域和学科》一文中论述了符号学翻译研究的领域和边界,将其分为翻译符号学(semiotics of translation)和符号翻译学(semiotic translation studies)两个分支,指出翻译研究和符号学研究是划分学科问题的关键因素,并提出翻译符号学面临的困境:范围广泛、概念模糊、学科边界不清晰、学科归属问题等。

综上所述,哈塔玛-海诺宁受格雷影响,以符号学理论和方法为指导研究翻译,论及符号谎言、多介质、多模态、多符号、阐释、再现、调节等内容,并从分支、领域和学科角度尝试界定符号学翻译与翻译符号学的研究对象、研究范围与边界、研究目标、学科归属等基本问题,体现了哈塔玛-海诺宁明确的学科意识,以及她为改变符号学翻译研究路径处于翻译学研究边缘地位的窘境所做的努力。仅从这一角度说,哈塔玛-海诺宁是符号学与翻译学结合研究领域之中,少数以明确的学科定位和学科意识为研究前提的学者之一。

（二）对哈塔玛-海诺宁的溯因翻译的批评

哈塔玛-海诺宁的研究推动了符号学和翻译学的学科融合,做出了自己独特的贡献。通过文献梳理可知,哈塔玛-海诺宁的溯因翻译的局限性体现在以下两点。首先,哈塔玛-海诺宁基于皮尔斯提出的溯因、归纳、演绎三元推理观,以溯因推理研究翻译,以本能、经验、习惯映射溯因、归纳、演绎,从而不免出现将溯因等同于本能、将归纳等同于经验、将演绎等同于习惯的问题。其次,哈塔玛-海诺宁虽然袭用了格雷的翻译符号学概念和学科称谓,但将这一概念的所指缩小至语际翻译。

罗宾逊（D. Robinson）在《翻译之道:东西方对话》（*The Dao of Translation : An East-West Dialogue*,2015）一书中批判了哈塔玛-海诺宁的溯因翻译,指出她停留在一级范畴符号层面,而将二级范畴符号和三级范畴符号排除,这样就失去了皮尔斯符号学动态性的真正优势和价值,即既要有从一级范畴的本能转换为二级范畴的经验,再到三级范畴的习惯的过程,还要有在新一轮符号活动过程中打破习惯束缚,从而实现创新的过程。罗宾逊通过解释三级范畴的循环和转换,更好呈现了翻译的开放性、动态性和创新性,比哈塔玛-海诺宁的溯因翻译具有更好的理论解释力。

在对哈塔玛-海诺宁溯因翻译批判的基础上,罗宾逊进一步提出应系统全面审视翻译过程,追溯翻译的最终动因。罗宾逊认为,共同心灵（commens）是皮尔斯无限符号活动的底层逻辑和内在驱动力。所谓共同心灵是一种族群和民族文化共同体意识,类似于一种文化共相概念。罗宾逊把翻译比作一张纸的两面,一面是特洛普的文本内翻译、文本间翻译和文本外翻译,另一面是情感、视觉、听觉,"如果我们旋转这张纸,使它首尾相接,让它变成一个莫比乌斯环,那么这张纸的正反两面就会交叠在一起,情感融入言语的认知,同时言语的认知也融入情感,这样我们就为符际翻译建构了一个更为复杂的符指过程模型,它受到整个大脑的控制"(潘琳琳,2021:90)。

通过文献梳理可知,国外翻译符号学研究起步较早,侧重从微观层面证实符号学对翻译现象的指导作用,属于零散和点状研究,停留在视角式、脚注式研究阶段;没有系统梳理符号学与翻译学联姻的发生、发展历史及其过程,缺乏完整的学科史研究;虽然提及了符号学翻译和翻译符号学的学科划分设想,但学科边界模糊,核心术语尚未统一,理论建构仍处于探索阶段,尚未建立涵盖本体论、认识论、目的论和方法论的完整学科体系。

第二章

国内翻译符号学发展简史

　　为了以一种更加宏观的视角审视我国翻译符号学的发生发展历程，我们把中国百年符号学进程作为背景，历时地呈现不同时期我国学者在符号学相关领域的思考和理论贡献。从文献梳理可知，因为学术传统的差异，我国学者似乎缺乏学科建构的兴趣，导致我国的符号学学科化进程相对缓慢，各时期发展不均衡，甚至出现断裂。但21世纪前20多年间，这一境况发生了明显变化，符号学刊物建设、学会建设、学科建设、人才培养、国际合作与交流、论文以及专著（译著）和研究课题立项的数量和质量都有了显著提高，标志着我国符号学研究者的学科化意识不断增强，符号学的学科交叉性不断拓展、方法论适用性不断彰显，符号学在我国正在发展为一门显学。这样一来，本章研究内容将在一定程度上超出"国内翻译符号学"这一主题的界限，但我们认为这种拓展是有益的，能帮助我们从整体上把握翻译符号学的学科发展背景。

　　接下来，我们分"中国百年符号学发展概览""符号学与翻译学融合发展期""翻译符号学理论创建期"三节，审视翻译符号学研究在我国的发展路径，为翻译符号学作为一门独立学科的理论建构、本体论研究、方法论研究、认识论研究以及应用探索寻找可行性理论依托。

第二章　国内翻译符号学发展简史

51

第一节　中国百年符号学发展概览

虽冠以百年符号学之名,但符号学在我国的出现实际上已经超过了百年。如果以胡以鲁 1912 年《国语学草创》引入语言符号观、符号任意性、符号的能指与所指关系等概念和有关思想为起点,截至 2016 年,我国的符号学已经走过了 104 年的发展历程(贾洪伟,2016d)。因可查阅资料有限,也考虑到各章篇幅均衡的需要,我们不在此深入和拓展阐释,仅从符号学的本土萌芽与缓慢发展、国外符号学理论的引进和阐释、符号学的本土化发展三个阶段着手,简要回顾我国符号学的发展历程和取得的成就,并展望我国符号学未来发展前景。

一、符号学的本土萌芽与缓慢发展(1912—20 世纪 50 年代)

1912 年,胡以鲁在《国语学草创》中论述了语言符号观、符号任意性、符号的能指与所指关系等概念和有关思想,开启了我国符号学的发展历史。1920—1949 年,国内符号学研究共有十余篇/部文献,从引进国外语义学思想和学科术语,到与训诂和训诂学结合的本土化,再到将"意义学"正名为"语义学",不但兼顾音形义的对应、词义指称、语义演变、字义类别等微观问题,还不断构建和修订语义学的指称范围、语义界面研究,以及学科框架和科学研究方法。不足之处在于,这些研究多侧重于语言文字的意义问题,囿于古汉语字义和词义的研究范畴。

这一时期的标志性事件是 1926 年赵元任在《科学》期刊发表了《符号学大纲》。赵元任认为,数字、音乐的谱号、图书编号、象形字、象声词、旗帜、语言等都是符号,他不但讨论了符号与所指对象之间的关系等微观问题,还尝试从宏观角度建构符号学的研究框架。赵元任还指出,符号学研究是一项没有前人研究的工作,可见其独创性意义。受瑞恰慈影响,1934 年李安宅出版了《意义学》,该书从宗教学、人类学和语言学角度探讨巫术咒语(语言与非语言)符号。这一时期虽然尚未形成清晰的学科发展意识,但已经出现了具有学科意义的术语,如 semasiology、semantics、symbolics、 symbology，以及以语言学为基础的符号学术语，如语言符号观、符号任意性、能指与所指、内部意义与外部符号、非语言符号(符咒)、语义三角观等。1959年，周熙良翻译了波亨斯基(Józef Maria Bechéski)的《论数理逻辑》，谈及了符号学这一术语。1959年，范文质发表了《试拟针灸符号》，倡议在医案的处方中用针灸符号替代文字记载。

二、国外符号学理论的引进和阐释(20世纪60年代—20世纪80年代)

如果说20世纪60年代以前的符号学思想具有本土萌芽和独立于西方的特点，那么，20世纪60年代以后则以西方符号学理论的译介、阐释和应用为主要特征。1962年，曹今予翻译了安特尔(L. Antal)的《符号，意义，上下文》("Sign, Meaning, Context")一文，讨论语言符号系统中不同序列的语言成分，考察意义本质的重要性。1963年，阿华翻译出版了《苏珊·朗格与语义学美学》(Susanne Langer and Aesthetics of Semantics)，朗格作为卡西尔(E. Cassirer)的学生，发展了艺术符号学，其观点具有鲜明的符号学色彩，如艺术是情感符号、一切艺术品都是情感符号等。1963年，金克木发表了《谈符号学》，除了介绍国外理论，还谈及自己的观点和认识。1964—1965年，我国出现了符号学文献十余篇，论及莫里斯、克劳斯(R. Krauss)等的符号学理论，这些文献多出于哲学、控制论、逻辑学、生物学和信息科学领域，代表性论文如《符号学》、《符号学、语义学》(《综合科技文摘》，1964)、《实用主义的认识论和莫里斯的符号学》(《哲学译丛》，1964)、《苏联主要杂志上有关符号学问题的论文要目》(《世界哲学》，1964)、《评克劳斯〈符号学与认识论〉》、《评克劳斯〈符号学与认识论〉和〈词的威力〉》(《世界哲学》，1965)等。

在我国，从符号学视角研究翻译问题可追溯至20世纪70年代末期，主要是对奈达翻译理论的引进与介绍，代表性作品如1979年郑南渡的《奈达》，介绍了奈达的动态对等翻译。

20世纪80年代，我国进入大量译介和阐释国外符号学理论的阶段，除了传统的语义学研究，解释语义学、生成语义学、哲学语义学、形式语义学、词汇语义学、篇章语义学、蒙太古语义学，以及义素分析、语义场等理论层出不穷(贾洪伟,2014:36-39)。一些以符号学命名或与符号学紧密相关的专著被翻译为汉语,如《普通语言学教程》(索绪尔,1980)、《符号学入门》(池上嘉彦,1985)、《指号、语言和行为》(莫里斯,1989)等,中国学者还译介了部分文章,如《符号学的起源与发展》(谢拜奥克,1981)、《符号学的近况和问题》(阿里维,1983)、《司汤达的符号学》(西蒙,1983)、《符号学的前景》(赫维,1985)等。

更为重要的是,在引进国外符号学理论基础上,我国学者开启了阐释与跨学科研究,涉及电影、教学、音乐等,代表性专著如《从哲学看符号》(肖峰,1989),论文有《谈符号学》(金克木,1983)、《符号学》(卢丹怀,1984)、《符号学》(王玉昌,1986)、《电影符号学与符号学:关于电影符号的若干性质》(徐增敏,1986)、《略述罗朗·巴尔特的符号学》(李延揆,1986)、《符号学的起源》(毛丹青,1987)、《以语言为主体的符号学》(张黎,1987)、《试论符号学文论和接受理论在教学上的应用》(曾大伟,1988)等。除了持续引介和阐释国外翻译理论,如《奈达的翻译理论简介》(林书武,1981)、《从语义学的角度——谈奈达新的翻译理论》(吴秀秀,1987)等,我国学者还开启了从符号学视角展开翻译研究的尝试。

可见,20世纪80年代的几篇代表性文章已经论及符号学上几位重要人物的核心理论对翻译的阐释作用,如索绪尔、莫里斯、雅各布森、巴尔胡达罗夫、奈达、巴斯奈特(S. Bassnett)、洛特曼等,涉及动态对等、语义、风格、文化、符号系统、翻译单位等诸多问题。虽然这些探讨尚未形成系统性、学科性结论,也没有相应的专著出版,但研究范围已经超出了传统语言学翻译,可视为符号学与翻译学联姻研究的开端。

三、符号学的本土化发展(20世纪90年代至今)

1994年,中国语言与符号学研究会成立①,开启了中国符号学研究的春天,涉及符号学诸领域、具有明显创新性的符号学译著和专著如雨后春笋般涌现,中国符号学研究取得了全面发展,体现在国家级和省部级相关

---

① 2016年11月6日,中国语言与符号学研究会正式加入中国逻辑学会,并更名为"中国逻辑学会符号学专业委员会"。

课题的立项、国内外会议和高端论坛的召开、符号学刊物的公开出版、硕士和博士人才培养的学科化和制度化建设、研究基地或研究所的设立等。

2000 年以来，我国的符号学发展在各个方面都有了前所未有的发展，尤其在国际合作和参与国际对话方面取得了历史性突破。2012 年南京师范大学承办了国际符号学会议，这是国际符号学会议首次在亚洲国家举办，体现了国际符号学会对中国的重视和认可。李幼蒸、赵毅衡、张杰、余红兵等学者被选为国际符号学会的副会长。余红兵被聘为国际符号学会会刊《符号学》(Semiotica)的副主编、美国符号学会会长，是首位当选此职位的中国人，也是美国符号学学会历史上最年轻的会长。李幼蒸、程乐、赵毅衡为《符号学》的编委，《中国符号学研究》(Chinese Semiotic Studies)、《语言与符号》(Language and Semiotic Studies)、《符号与传媒》(Sign & Media)等英文刊物相继出版，其办刊质量和国际影响力不断提升。

此外，翻译符号学相关译著、专著也不断涌现，为翻译学与符号学的深度融合发展提供了文献基础，译著如《皮尔士》(瓦尔，2003)、《劳特利奇符号学指南》(科布利，2013)、《皮尔斯：论符号》(李斯卡，2014)、《符号学与翻译问题研究——以皮尔士符号学为纲》(格雷，2019)等，专著如《符号学翻译研究——文学语言的理据及其再造》(蒋骁华，2003)、《语言符号学》(王铭玉，2004)、《文化符号域理论研究》(郑文东，2007)、《现代西方符号学纲要》(郭鸿，2008)、《社会符号学》(林信华，2011)、《符号学：原理与推演》(赵毅衡，2011)、《现代语言符号学》(王铭玉等，2013)、《先秦符号思想研究》(祝东，2014)、《符号学视角下的跨界翻译研究》(王洪林，2020)、《符号学思想论》(王铭玉等，2021)、《俄罗斯符号学研究范式的百年流变》(赵爱国，2021)、《多模态翻译理论与实践研究》(王洪林，2023)，《中国文化符号学关键词》(祝东，2023)等。此外，天津外国语大学王铭玉教授总主编的"中国当代符号学名家学术文库"出版，收录了《赵毅衡形式理论文选》(赵毅衡，2018)、《法国符号学研究论集》(怀宇，2019)、《语言符号学研究论集》(郭鸿，2021)、《符号学论略》(王铭玉，2021)、《文学符号王国的探索：方法与批评》(张杰，2021)等；四川大学符号学—传媒学研究中心推出了一系列符号学丛书，如"中国西部符号学派丛书""符号学译丛""符号学论丛"等，进一步丰富了我国符号学资源建设，充分彰显了符号学的交叉属性和跨学科特征,论及符号叙述学、符号诗学、马克思主义符号学、现象学符号学、认知符号学、伦理符号学、性别符号学、中国传统符号学、传播符号学、广告符号学、游戏符号学、体育符号学、民族符号学、图像符号学、流行歌曲符号学、网络文学符号学等。

总体而言,从1994年中国语言与符号学研究会成立以来的30余年间,我国的符号学研究取得了全方位的发展。首先,随着国际交流与合作的不断深入和拓展,中国正在成为世界符号学研究的中心。其次,我国符号学研究呈现出明显的学科化意识,出现了众多以"××符号学"命名的论文或专著,如《典籍符号与权力话语》(黄亚平,2004)、《语言符号学》(王铭玉,2004)、《汉字符号学》(黄亚平、孟华,2001)、《汉字符号学:一种特殊的文字编码》(陈宗明,2001/2016)、《电影符号学》(齐隆壬,2013)、《电影符号学》(马睿、吴迎君,2016)、《民族符号学论文集》(宗争、梁昭,2018)、《图像符号学:传统景观世界的图式把握》(胡易容,2014)、《教育符号学导论》(崔歧恩,2022)、《传播符号学教程》(冯月季,2016)、《皮尔斯与传播符号学》(赵星植,2017)、《广告符号学》(李思屈,2004)、《广告符号学》(饶广祥,2014)、《戏剧符号学视域下的剧本世界》(谷容林,2019)、《戏剧符号学教程》(胡一伟,2020)、《游戏学:符号叙述学研究》(宗争,2014)等,除了领域符号学的拓展,还有对我国古代文化蕴含的符号学思想的系统梳理与挖掘,如《先秦符号思想研究》(祝东,2014)、《中国古代符号思想史论》(祝东等,2021)等。

第二节　符号学与翻译学融合发展期

我国符号学翻译研究在时间上要晚于西方,主要借鉴社会符号学理论探究翻译现象。符号学与翻译学融合发展期大致为20世纪80年代至21世纪初。

一、符号学翻译研究的开端与发展

1988年《中国翻译》第1期的四篇文章,即《略论符号学的翻译观》

（罗进德，1988）、《文化差异和语义的非对应》（柯平，1988）、《符号结构、文化差异、语际翻译》（张亚非，1988）、《从符号学角度看翻译等值的限度》（郑伟波，1988）借鉴符号学理论探究翻译等值、文化差异与语义非对应关系、文学翻译以及社会符号学的翻译原则等。

具体而言，《略论符号学的翻译观》考察了莫里斯的符构学、符义学和符效学三分法，把翻译从语言学研究拓展到文化比较研究，从语言符号转换拓展到跨文化交际活动，认为翻译活动的操作对象是由各种符号系统所承载的社会文化信息，"整个人类文化无非是人类共通的经验通过符号的创造和使用而传授、习得、积累和交融的结果"（罗进德，1988:7）。"我们可以预期，符号学的翻译理论模式不仅会改变翻译研究和评论的面貌，还可能改变翻译教学甚至一般外语教学的面貌"（罗进德，1988:9）。三十多年前做出的这一论断在今天看来依然让人信心倍增、激动不已，是对翻译符号学研究莫大的鼓励。

《文化差异和语义的非对应》引介了莫里斯的符号学以及巴尔胡达罗夫的语义—符号学模式；《符号结构、文化差异、语际翻译》《从符号学角度看翻译等值的限度》以及《能指的原文、所指的译文——翻译作为一种精神活动》（傅玢，1989）都借鉴了索绪尔符号学解释翻译；《翻译断想》（张泽乾，1988）和《翻译断想（续）》（张泽乾，1988）两篇文章从语言学、交际学和符号学等学科的角度讨论分析翻译的定义，提出翻译是用一种语言符号解释另一种语言符号的论断。《关于文学翻译的思考》（李锡胤，1989）认为文学作品是一个符号系统，其翻译要充分考虑文化因素，进而与以语词为基本翻译单位的语言学翻译传统区别开来。《符号学与翻译札记》（刘英凯，1989）、《能指与所指的困惑》（金微，1990）分别论及雅各布森、索绪尔和洛特曼的符号学理论。

进入 20 世纪 90 年代，符号学翻译研究的内容进一步拓展和深化，按照研究内容可大致分为以下几类：对国外符号学理论的引进与评介（柯平，1993；Shen，1996）；对符号学翻译理论的探索，如社会符号学翻译研究（陈宏薇，1996a，1998，2003；李明，2000；蒋骁华，2003；佟颖，2016a，2016b）；翻译本体论研究（蔡新乐，2005）；翻译修辞符号学（曹磊，2013）；翻译哲学（蔡新乐，2016）等；还有符号学翻译应用探索，涉及小说翻译、诗歌翻译、文化翻译、成语翻译、典籍翻译、新闻翻译、法律文本翻译、话剧翻译、绘本翻译、电影名称与字幕翻译、翻译伦理①问题等。我们在此按照时间顺序,选取代表性著作和论文展开简要评析,梳理并呈现 20 世纪 90 年代我国符号学翻译研究的大致脉络和关注重点。

代表性著作如下:《英汉与汉英翻译教程》(柯平,1993)将莫里斯符号学三分视为讨论翻译问题的基础,指出符号与其所指称或描写实体与事件之间的关系是语义关系,对应指称意义;符号与符号之间的关系是符号句法关系,对应言内意义;符号与使用者之间的关系是语用关系,对应语用意义。采用符号学的语义模式作为讨论翻译问题的基础具有两大优势:"语言是最典型也是最重要的符号系统而符号学提供了分析符号的最全面的体系,符号学的语义模式概括了译者可能遇到的最多种类的意义……建立在符号学语义模式基础上的翻译讨论是立体的,以实际交际为着眼点的,因而具有广泛的实践意义。"(柯平,1993:21)

《符号学翻译研究——文学语言的理据及其再造》(蒋骁华,2003)是 20 世纪 90 年代采用符号学理论系统地开展翻译研究的代表性著作,该书论及皮尔斯、莫里斯、奈达、格雷等的理论,梳理了符号学翻译研究的历史,指出文学语言的符号性,从信息焦点、主述谓结构、隐喻性、非指称性、意图性、互文性等多维度阐释了文学的理据性。

《新实用汉译英教程》(陈宏薇,1996b)明确提出社会符号学可作为翻译学的重要基础理论,该书涉及了奈达的社会符号学、韩礼德的语言社会符号性、克雷斯(G. Kress)的社会符号学,发掘了语言意义(指称意义、言内意义、语用意义)和语言功能(信息功能、表情功能、祈使功能、美感功能、酬应功能、元语言功能)的翻译策略。语言符号系统不同于其他所有符号系统之处在于,前者能表现所有其他符号系统如体语、哑语、旗语、舞蹈、美术、建筑、色彩等的意义。任何供翻译的文本,不应只看作文字符号的集合,而应看作用文字符号系统表现的多种符号系统的组合。陈宏薇将用社会符号学分析语言的优点归结为:从社会结构与社会过程的角度

① 1984 年贝尔曼在《异域的考验——德国浪漫主义时代的文化与翻译》一书中提出"翻译伦理"的概念。

理解语言信息及社会意义,弥补只考虑文本和语言结构的不足。

《汉英翻译基础》(陈宏薇,1998)以语言的社会符号性为基本原则,以汉英两种语言对比为核心,使用社会符号学等基本理论分析汉译英过程,指出社会符号学的价值在于从社会结构与社会过程的角度理解语言信息及其社会意义。

《语际翻译的社会符号学理论》(李明,2000)从索绪尔给符号学的界定即"研究社会生活中符号生命的科学"(索绪尔,1980:38)出发,把符号分为语言符号和非语言符号(体态语、超语言符号、副语言符号等),并依据皮尔斯的象似符、指示符和象征符以及莫里斯的言内意义、指称意义和语用意义讨论翻译,认为翻译即翻译意义和功能,翻译过程分为解码和编码,翻译是科学和艺术的统一,翻译要传达的是语用符号的指称意义、言内意义和语用意义。非语言符号如原文的形式、语体、意图等也具有意义,需要在译文中体现出来。通过讨论翻译过程、翻译原则、译者、可译性、不可译性、对等、代码、象似符、指示符、象征符、意义、语言、文化、文本等概念的定义,他尝试建构社会符号学翻译理论框架,在一定程度上推动了符号学翻译研究的展开。

《社会符号学翻译模式研究》(佟颖,2016b)认为,社会符号学是融符号学、社会学、语言学于一体的交叉学科,是一种运用中的符号理论,通过阐述社会符号学的基本问题(如学科性质、功能、理论框架等),探究社会符号学与翻译研究相结合的可行性,从社会符号学的主要概念与翻译的基本问题入手,探讨社会符号学翻译理论如何成为有效研究翻译的路径,主张将社会结构/社会人与译者角色相结合,来考察译者的产生、作用以及与其他符号活动参与人之间的关系;将语篇与翻译单位相结合,分出语义层面的分析单位和句法层面的转换单位;将语义系统与翻译等值相结合,对翻译过程中的文本意义加以取舍;将语域与翻译标准相结合,以语境三要素分析为手段,探讨多元翻译标准的忠实性原则要求;将语码/语域与翻译过程相结合,探讨翻译过程中受意识形态影响的非中性符号行为,从而指出社会符号学与其他符号学理论相比所具有的优势。

主要论文如下。《符号学翻译观与文化翻译学》(隋然,1994)一文明确提出了"符号学翻译"这一术语,将翻译学、文化学和符号学联系在一起。

《社会符号学翻译法研究》(陈宏薇,1996a)则以奈达、韩礼德、克雷斯等的社会符号学理论为基础,采用莫里斯的符构、符义和符效以及言内意义、指称意义和实用意义建构社会符号学翻译理论。

《社会符号学的历史渊源及其翻译原则》(李明,1997)回顾了韩礼德、克雷斯、巴斯奈特、巴尔胡达罗夫、奈达、柯平、陈宏薇等人的社会符号学翻译研究观点,概括出社会符号学的翻译原则,如翻译即翻译意义、意义和功能是判断译文质量优劣的两个重要方面、文本中的非语言符号应在译文中得以再现等。

《从文化符号学看翻译研究》(蒋立珠,1998)指出:翻译是从源语符号系统转换为译语符号系统的一种符号转换活动,翻译不是翻译语言而是翻译文化。

《社会·意义·功能——社会符号翻译法的核心》(何家驹,1999)回顾了社会符号学翻译研究的状况,肯定了莫里斯的符号学三分和社会符号学语言功能理论对翻译研究的指导作用。

《语内翻译与语际翻译的比较》(蔡新乐,2000)认为语内和语际翻译都关注解释的现代性,均聚焦于精神的空间性,并从跨文化交流中两种精神之间的含义框架及其本质角度分析和论证语际翻译蕴含的跨文化性,即人的自我对语境既定之物所形成的边界和限制的突破。

《符号学与文学翻译研究》(陈宏薇,2003)把文学翻译作为文学与翻译的交叉领域研究,分析了接受理论、巴赫金(Михаил Михайлович Бахтин)话语理论、佐哈尔多元系统论与符号学的密切联系,提出了以符号学为理论基础,开展文学翻译综合性研究的可行性。

《从译者的主体性到翻译的主体间性》(旷剑敏,2005)回顾了以往有关译者主体性研究和翻译主体间性研究的历程,从翻译主体间性的含义以及作者、译者、译文读者间性的获得两个角度探讨实现译者间性的方式和途径。

《从符号学的语义观看文化翻译之文学语言》(贾洪伟,2005)陈述了皮尔斯、雅各布森、奈达等的符号学翻译观,从比喻、非指称性、目的性和互文性四个层面讨论符号学语义观在文化翻译中的理论适用性和理据性,指出符号学翻译是翻译研究的有益补充,可丰富翻译研究的理论视角。他不无预见性地指出:符号学应用于翻译研究正蓬勃发展,研究、学习者与日俱增,这说明符号学对翻译而言既有理论关联,又有方法论意义。

《社会符号学翻译理论视角下的英语电影片名翻译》(路景菊,2007)讨论了社会符号学翻译理论的内涵,把影视作品视为一种社会符号,其篇名翻译要统摄意义、风格和功能。《社会符号学翻译初探》(王治江等,2007)将索绪尔的能指与所指、任意性、线性、组合与联想,皮尔斯的符号、对象、解释项,一级范畴、二级范畴、三级范畴,象似符、指示符、象征符,莫里斯的符号、符号载体、符号意指、符号活动、解释项、解释者,韩礼德的文本、情境类型、代码、语言功能等概念作为社会符号学的理论基础,从文化间交际、符号阐释与符号生产、翻译对等方面讨论社会符号学翻译。

《中国符号学翻译研究综述》(王丽娟,2013)统计了1988—2012年符号学翻译在我国的发展状况,指出运用符号学、社会符号学理论研究文学翻译的论文比例较大,几乎占发表论文总数的46%。社会符号学翻译的应用研究还包括:《社会符号学翻译法视域下〈红楼梦〉中仿拟辞格英译探析》(王丽娟,2014)、《社会符号学翻译法指导下的 *The Hunter's Wife* 翻译实践报告》(李尤,2014)等。

二、符号学翻译研究简评

第一,我国符号学、翻译学的融合研究理论上以社会符号学翻译为主流方向,研究对象涉及文学翻译、翻译的基本单位、诗歌、法律、隐喻、习语、指称、少数民族典籍、外宣文本、电影、旅游、服饰等,理论多基于索绪尔、莫里斯、韩礼德、奈达、克雷斯等,较少涉及皮尔斯、雅各布森、洛特曼等。林信华(2011)把符号学视为研究社会与文化秩序的观点值得重视。他从莱布尼茨(Gottfried Wilhelm Leibniz)的"符号是体现经验系统"、胡塞尔的"意象"、舒兹(Alfred Schütz)的"行动是主观意识的成就"、卢克曼(Thomas Luckmann)的"语言与社会关系"、米德的"符号互动论"等出发,指出"语音经历的客观性、语音模型的指示一致性,以及语音模型在行动中表达的一致性"是语言成为社会原型符号的前提条件,"语言是基于本身的相互主体性构成"(林信华,2011:5)。

第二,借用符号学理论和方法研究某一领域翻译现象的文献要多于符号学翻译理论探索和学科化研究的文献;用符号学、社会符号学理论研究文学翻译的论文约占半数;社会符号学与普通符号学的关系依然模糊,社会符号学的学科定位、研究对象、研究方法、研究范围、学科术语等方面仍待清晰界定与阐释。

第三,符号学与翻译学的融合研究持续深入,所涉学科范围也越发广泛,如哲学、文学、美学、文化学等,研究方法逐渐从译介、吸收、阐释、验证式的讨论,走向自觉性、自发式、本土化的发展,出现了基于本土特色的国际化发展势头,但还未发展为一门学科。这些研究无疑具有一定的理论创新意义与向交叉学科发展的引导意义,如运用普通符号学或社会符号学理论对文学翻译的分析与讨论,无疑拓展了传统翻译研究视角,应用探索要明显多于理论建构。这些研究一方面丰富了翻译研究的方法和理论视野,另一方面也增强了符号学的实践价值,展现了符号学对人文社会科学研究的方法论解释力,为翻译符号学的建立提供了重要的理论积累和实践基础。

第四,没有明确提出将"翻译符号学"或"符号翻译学"建设为一门独立学科的设想,研究的重点在于借助符号学的理论和方法[①]探讨翻译中的个别理论或单独现象,远未开展系统的理论建构,如本体论、方法论、目的论和认识论的探索,也没有系统梳理符号学与翻译学联姻的历史,部分研究成果属于应用探索,尤其在国际符号学权威期刊上已发表多篇关于法律文本翻译的论文。一门独立的学科首先要有自己独立的研究对象,这一时期虽然名称上出现了"符号学翻译研究"等称呼,但并未形成具有独立研究对象、具有自治性的分支学科。因此,总体研究还处于翻译学的范畴,这一研究内容在符号学、翻译学中只是处于边缘地位。根据以往研究的命名惯例,如翻译生态学和生态翻译学、翻译社会学和社会翻译学等,

---

[①] 如索绪尔的能指与所指,皮尔斯的符号三元理论,莫里斯的符构、符义和符效,韩礼德的由语场(field of discourse)、语旨(tenor of discourse)和语式(mode of discourse)三种语境变量所决定的概念功能(ideational function)、人际功能(interpersonal function)和语篇功能(textual function)等。

翻译符号学与符号翻译学应归属于不同学科,因为它们有各自的理论出发点和归宿。根据现代的学科学理论,不同的学科可以共用一个对象物,如社会学、人体解剖学等都以人为研究对象物,但它们分别有各自独立的研究对象,如社会学的研究对象为人与社会的关系问题,如社会分层、社会阶级、社会流动、社会宗教、社会法律等属性与本质,而人体解剖学的研究对象是人体的正常形态结构,其任务在于理解和掌握人体各器官的形态结构、位置和毗邻关系,为学习其他基础医学和临床医学奠定基础。

第三节　翻译符号学理论创建期

我国翻译理论研究取得的巨大进展与以下几次会议密切相关:第一次全国翻译理论研讨会(1987)、全国译学学科专题讨论会(2001)、"翻译学学科理论系统构建"高层论坛(2009)以及"何为翻译?——翻译的重新定位与定义"高层论坛(2015)。这些会议见证了我国翻译学科经历了从无到有、从弱到强的发展历程,推动了我国译学的系统化、理论化、科学化建设。翻译符号学是在我国翻译学学科发展的大背景下出现的一门新兴交叉学科。

近30年来,国内学者借鉴符号学理论开展翻译相关问题的探索实践,证明了符号学的方法论的有效性,如符号学方法对文学翻译、商标翻译、旅游翻译、法律翻译等诸多领域的适用性。一方面,这些研究增强了我们进一步推进符号学与翻译学融合研究的信心,构成了翻译符号学前学科化阶段的理论探索,为建立翻译符号学提供了有益的经验。另一方面,我们也应持客观看待和全面分析的态度,看到这些研究在具有创新性启示的同时,也存在着一些不足,大多既有研究囿于运用符号学理论和方法分析翻译素材,停留在对翻译个别现象的"脚注式"分析,缺乏系统化、理论化建构,学科化定位仍不明晰。

2015年,我国学者明确提出了建立翻译符号学这一符号学分支学科的倡议(王铭玉,2015;吕红周,2015),并开展了翻译符号学理论建构的初步探讨,涉及研究对象、学科性质、研究方法等学理问题,发表的翻译符号学的应用研究涉及外宣翻译、典籍外译等,另外一些研究则尤其难能可贵,对翻译符号学的概念、理论开展批判研究(黄忠廉、李正林,2015;Jia,2019a,2019b;罗金,2019)。《解放军外国语学院学报》2016年第5期、《山东外语教学》2018年第1期、《燕山大学学报》2018年第4期、《山东外语教学》2022年第4期组织翻译符号学研究专栏,集中探索翻译符号学的理论建构,亦有翻译符号学应用研究(潘琳琳,2018a,2018b,2018c;吕红周、单红,2018a;王洪林,2020),以及对国外符号学翻译研究历史与现状的述评(李妮,2020),其中,冯全功(2022)在《翻译是一种符号转换活动——关于翻译定义的若干思考》一文中把符号转换视为翻译的唯一本质属性,区别于其他衍生属性(如语言属性、社会属性、文化属性、交流属性、创造属性、审美属性、经济属性、认知心理属性等),强调了符号转换本质上具有开放性优势,涵盖了转换主体、转换对象、转换方式、转换评价等翻译基本问题。

我们在此以文献为依托,集中分析翻译符号学联合创建者王铭玉和贾洪伟的思想贡献。因为翻译符号学是一个正在形成和发展的领域,其理论建构处于不断完善和修正过程,应用探索也在不断深化和拓展,但这是一个有着诱人前景的研究方向,值得我们持续探索。

一、王铭玉的翻译符号学思想

王铭玉是我国翻译符号学学科创建的主要倡导者和奠基人,他的研究从语言符号学研究拓展到翻译符号学研究。语言符号学可为翻译符号学提供理论支撑和方法论参照,"研究翻译符号学首先可以推进对语言符号转换问题的研究,同时将视野延展至非语言符号,一方面推进了语言符号学的研究,另一方面也为符号学开辟了新的研究领域,有助于中国符号学的本土化以及普及符号学的理论和发展"(王铭玉、任伟,2017:26)。

语言是最为成熟的符号系统,可被视为所有符号系统的母版,因此,语言符号学的研究成果亦可以用于翻译符号学的学理基础。《语言符号学》(王铭玉,2004)、《现代语言符号学》(王铭玉等,2013)以及《符号学思想论》(王铭玉等,2021)是翻译符号学理论建构和应用探索的重要基础和参考。

《语言符号学》(王铭玉,2004)由三部分构成,第一部分从人与符号、语言与符号、语言学与符号学之间的联系出发,探索语言符号学的学科基础,涵盖了索绪尔、皮尔斯、莫里斯、巴特、艾柯、雅各布森、巴赫金的符号学思想;第二部分分析语言符号学中的主要概念,如二元对立、符号层次、符号意义、符号指称、符号关系、符号时态与功能、符号主体观、符号双喻观(隐喻和换喻)、符号可逆性、符号象似性、符号标记性等;第三部分以美国、法国、俄罗斯三国为例,梳理符号学理论发展的国别历史状况,总结了1984—2004年中国符号学研究的主要方向、成果和阶段性特征,以及未来的发展状况。

《现代语言符号学》(王铭玉等,2013)在条分缕析学科发展脉络的基础上,构建了现代语言符号学的理论框架,从宏观层面汇通全球语言符号研究的思想,探讨语言符号的哲学方法论基础,从微观层面应用语言符号学理论和方法,分析词语层、句层和篇章层的语言符号传达语义信息的规律。

《符号学思想论》(王铭玉等,2021)依照"国家—流派—代表人物"的总体研究思路,采取归纳、描写和对比的方法,对法国、美国、俄罗斯和中国的符号学思想进行分章研究。在每个"符号学王国"的研究中,又以时间为线索,探索该国符号学思想的渊源和发展历程,最后对其主要代表人物的符号学思想进行挖掘和评介。在中外符号学研究界,该书首次以专著形式对法国、美国、俄罗斯和中国的符号学思想渊源、主要理论、流派、代表人物和发展趋势进行了系统的总结和评介。本书通过多重维度和视角挖掘、解读和评介当代符号学的经典思想,探寻符号在表征世界、解释世界、沟通世界、建构世界中的神秘作用。

我们把2015年作为翻译符号学的创建元年,其标志性事件是《翻译符号学刍议》(王铭玉,2015)的发表。正如该文注释中所言:"翻译符号学是语言符号学跨域研究最相关的领域,近一段时期,我与贾洪伟、吕红周博士对此话题进行了多次研讨,并形成了专门的文章,这里所谈为我们拟构建的翻译符号学的核心思想。"(王铭玉,2015:23)该文从一般翻译学、符号学翻译研究的定位差异出发,厘定了翻译符号学的概念、研究对象、研究范围、学科性质等学科基本问题,扼要阐述了翻译符号学学科内涵的七个构成部分:符号过程、符号行为、符号关系、符号层级、符号间性、符号功能、符号守恒等,这在《翻译符号学的学科内涵》(王铭玉,2016)中得到进一步详细阐释。

《从语言符号学到翻译符号学——王铭玉教授访谈录》(王铭玉、任伟,2017)分析了国内外翻译符号学发展现状,规划了翻译符号学所面临的任务,为构建翻译符号学学科指明了努力方向。

《翻译符号学视域下的符号守恒》(佟颖、王铭玉,2018)则专论符号守恒概念,认为符号承载的信息总量在符号转换前后保持不变;符号共相、信息守恒定律和文本信息衡量确保了符号守恒的实现;符号守恒的层级体现为从质感层守恒到现实层守恒,再延展至思维层守恒的连续统,这一连续统乃动态叠加的过程。

《雅各布森六功能之翻译符号学剖析》(王新朋、王铭玉,2022)持广义符号观,认为符号包含语言符号、非语言符号、语言+非语言符号综合文本、具有反复播放性的多模态多介质合成符号文本,以及大脑思维符号。雅各布森针对言语交际过程中的语言符号提出了六功能理论,而翻译即交际,依据功能对等原则,翻译符号学视角下的符指活动和符号交换也同样具有多功能性,符合六功能模式。翻译符号学视角下的六功能具有不同于以往的符号内涵,该文章在深入剖析符号六功能内涵的基础上,进一步探讨了六功能的主导与交互关系,为翻译符号学的符号功能界定做出了理论上的尝试。

《"翻译符号学"的名与实》(吕红周、王铭玉,2023:213)指出,"随着翻译活动日益复杂,翻译对象已远远超出自然语言的范畴。除了从一种自然语言到另一种自然语言的语际翻译、自然语言内部的语内翻译,还涉及手语、盲文、密码、仪式、旗语、声音、光影、颜色、形状等非语言符号系统或多模态符号系统转换,以自然语言为研究对象的传统翻译理论亟须拓展研究视野。在此背景下,翻译符号学这一新兴跨学科研究领域不断发展。翻译符号学属符号学分支学科,以符号转换为研究对象,持皮尔士'翻译就是符号活动'的广义翻译观,探究符号转换过程中符号载体、符号对象、符号解释项、符号主体为核心的各主客观要素的互动关系。"论文梳理并分析了翻译符号学研究的国内外概况,从认识论角度揭示翻译符号学存在的合法性、理论阐释的有效性以及学科融合发展的必然性,从本体论角度探究翻译符号学的研究对象、核心概念,一定程度上推动了翻译符号学的理论建构。

二、贾洪伟的翻译符号学思想

贾洪伟是我国翻译符号学创建的主要倡导者和践行者,他生前共发表符号学相关文献 24 部/篇,除了其硕士学位论文《从符号学的语义观看文化翻译之文学语言》(2005),以及《从符号学视角看歇后语的汉译英》(贾洪伟,2007)和《1949 年以前中国的符号学研究》(贾洪伟,2016d),剩余的 21 部/篇皆与翻译符号学译介、批判与阐释,以及理论探索和应用探索有关。

据贾洪伟自述,他最早接触符号学是上连甫教授的符号学课程和阅读《你身边的符号——符号学入门》(连甫,1997)。他关于符号学的初步思考体现在硕士学位论文《从符号学的语义观看文化翻译之文学语言》(贾洪伟,2005)。后来,他转向语义学、普通语言学、认知语言学、翻译学的研究,先后出版博士后出站报告《国外语义学在中国的传播与影响》(贾洪伟,2014)以及博士学位论文《汉译国外普通语言学典籍研究(1906—1949)》(贾洪伟,2017b)。因为他的这些文献的出版和发表顺序与写作时间并不一致,个别文献或存在内容上的重复,或观点上有所变化,为了让读者能更好更全面地了解其翻译符号学思想,以下我们从国外理论引进与批判、翻译符号学理论建构两个方面展开梳理论述。

国外理论引进与批判

[1] 格雷. 元创作[J]. 贾洪伟译. 语言符号通讯,2015(1):89-124.

[2] 贾洪伟. 间隙弥合——古希腊经典翻译之符号学解读[J]. 外文研究,2017a(1):70-75.

[3] 特洛普. 走向翻译符号学[J]. 贾洪伟,译. 语言与符号,2017(2):99-110.

[4] 贾洪伟. 有关翻译符号学的思考——格雷《元创作》译后感悟

［J］．翻译论坛,2018c(3):26-32.

　　［5］Jia Hongwei. *Foundation of the Theory of Signs* (1938)*: A critique* ［J］．*Chinese Semiotic Studies*,2019b(1):1-14.

　　［6］贾洪伟．哲学实效论与翻译符号学［M］．苏州:苏州大学出版社,2019c.

　　［7］格雷．符号学与翻译问题研究——以皮尔士符号学为纲［M］．贾洪伟,译．天津:南开大学出版社,2019.

　　［8］贾洪伟．翻译符号学视角下的施佩特符号学思想研究[J]．俄罗斯文艺,2019d(1):129-136.

　　［9］贾洪伟．翻译符号学初探——格雷论文选析［M］．天津:南开大学出版社,2020c.

　　从以上文献列表可知,从 2015 年开始,贾洪伟开始译介和批判分析翻译符号学文献,涉及皮尔斯、杜威、莫里斯、雅各布森、佩尔克(Krzysztof J. Pelc)、特洛普、格雷、托里斯-马丁内斯(S. Torres-Martínez)、哈塔玛-海诺宁等。翻译皮尔斯的文献集中收录在《哲学实效论与翻译符号学》(贾洪伟,2019c),该书以实效论为主线,区分皮尔斯的实效论和杜威、詹姆斯等人推动的用于心理学和伦理学的实用论,采取先著述后附译文的方式呈现实效论思想,以及依托实效论建构的翻译符号学思想,如翻译符号学的信念、符号活动的本质、翻译的镜式本质、符指翻译的本质等问题。全书由上编"皮尔斯实效论"、中编"杜威实效论与实用论",以及下编"皮尔斯实效论符号学的发展"三部分构成,共包含 12 篇译文:《确定信念》《澄清概念》《pragmatism 词条释义》《何为实效论》《实效论诸问题》《实效论辩序言》《人类的镜式本质》《皮尔斯的实效论学说》《实用论的实际有何所指》《符号理论基础》《符号活动》《符号活动系与符号学》。

　　皮尔斯符号学是翻译符号学的理论起点和重要理论来源。第一,不同于以往哲学、语言学的二元主义视角,皮尔斯符号学采用三元主义视角,具有突破二元哲学主导的学术传统的先天优势。第二,皮尔斯持广义符号观而不是人类中心主义和语言中心主义,能更为合理和充分地观察、描写、阐释符号的动态发展以及意义的生成与转换问题,比传统的静态与二元论具有显见的优势和更好的解释力。第三,皮尔斯坚持符号活动的动态性、生成性、无限性,而且持科学可错论,动态主义真理观更符合科学发展的现实。

英文论文《〈符号理论基础〉批判》("'Foundations of the Theory of Signs'(1938):A Critique")(Jia,2019b)的主要观点和批判依据源于莫里斯的《符号理论基础》。《翻译符号学视角下的施佩特符号学思想研究》(贾洪伟,2019d)从语言、符号、意义、意图行为四个层面大致梳理了施佩特符号学思想的理论来源,以及对俄罗斯哲学、心理学、语言学发展的推动作用,同时指出施佩特符号学思想的二元主义取向。施佩特以声音与意义结合的狭义语言观定位,仅侧重词汇层面的意义问题,而未能把胡塞尔的语言/非语言、思维/物质的分类引入语言符号范畴,缩小了语言符号的涵盖领域,过于强调主体心理要素的作用,强调主体的符号生产作用,而相对忽略主体在符号阐释与转换中的作用等。

格雷以《符号学与翻译问题研究——以皮尔士符号学为纲》(2019)开启了符号学与翻译联姻研究,《翻译符号学初探——格雷论文选析》(贾洪伟,2020)解读了格雷的7篇代表性文献,用于呈现国外符号学与翻译联姻的历史发展脉络,即《元创作》《跨符码翻译:歌剧唱词与配乐》《维特根斯坦、翻译与符号学》《一级符号、二级符号、三级符号与偶然性》《歌德的翻译注释》《间隙弥合——古希腊经典翻译之符号学解读》《翻译之黑匣:镜式本质论》;另外还解读了《走向翻译符号学》,为特洛普的论文。

翻译符号学理论建构

[1] 贾洪伟. 翻译符号学的概念[J]. 外语教学,2016a(1):94-97.

[2] 贾洪伟. 建立翻译符号学的可能性[J]. 山东外语教学,2016b(3):90-100.

[3] 贾洪伟. 雅可布森三重译域之翻译符号学剖析[J]. 解放军外国语学院学报,2016c(5):11-18.

[4] 贾洪伟. 翻译跨学科之悖论[J]. 燕山大学学报,2017d(4):28-31.

[5] 贾洪伟. 论翻译符号学的符号分类与转换[J]. 山东外语教学, 2018a(1):111-118.

[6] 贾洪伟. 翻译符号学的信念界定问题[J]. 燕山大学学报(哲学社会科学版),2018b(4):60-65.

[7] Jia H. W. Semiospheric translation types reconsidered from the translation semiotics perspective[J]. *Semiotica*, 2019a(11):1-25.

[8] 贾洪伟. 翻译符号学概念的确定性与符号活动之本质[J]. 译苑新谭,2019a(1):13-19.

[9] 贾洪伟. 人在符号转换中的作用——对皮尔士与格雷翻译符指过程的批判与建构[J]. 翻译界,2019b(1):70-81.

[10] 贾洪伟. 翻译符号学的三域问题剖析[J]. 天津外国语大学学报,2020a(1):98-109,160-161.

[11] 贾洪伟. 符指翻译的本质[J]. 燕山大学学报,2020b(4):43-51.

贾洪伟于 2014 年 9 月在"第十一届全国语言与符号学研讨会"上宣读了《建立翻译符号学的可能性》一文,从国内符号学研究、翻译学研究,以及翻译与符号学的联姻研究三个方面论述了建立翻译符号学的可能性与可行性,扼要地界定了翻译符号学相关的术语和概念,同时以国际学界的研究成果为参考指出建立翻译符号学,并从新的视角研究广义上的翻译和符号学的迫切性。该文未涉及中国古代的符号阐释与转换活动,虽然提出了翻译符号学的建立和发展路径,如举办研究会、开办刊物、人才培养等方面,但依然具有明显的狭义翻译学色彩。这是我国学者第一次明确提出创建翻译符号学这一独立学科的倡议,对于我国翻译符号学的后续发展具有引导和推动作用。

翻译符号学以符号活动所涉及的各种要素为研究对象,分析阐释它们的表意形式、转换过程以及解读机制等相关问题,即微观层面聚焦于符号活动,中观层面聚焦于符号主体①——人这一层面的相关外部要素,如意识形态、实践能力、社会需求等,宏观层面聚焦于广义翻译作为特殊符号活动的惯例、规则、法则、标准、原理等,探讨"符号转换过程中侧重的交际和信息内容引发的符号文本关联和人类'生活形式'(维特根斯坦语)中的话语实践(实为符号活动实践)、惯例、实践能力、意识形态、社会需求与功能、译者意图与目的、文本(主要是副文本)"(贾洪伟,2016a:96)。从这一意义讲,囊括各种形式和类型符号活动的广义翻译,就必然包括同一符号范畴不同风格和文体、不同时代的符号之间的转换,不同符号范畴同一时代不同文体和风格,以及不同时代同一文体和风格的符号之间的转换,还包括以某一符号文本为基础的改编本为底本,融入声、光、电、影、音的多介质、多模态、反复播放的复合符号文本,更包括从思维活动到文字符号文本的过程和结果,可见,这超出了雅各布森语内翻译、语际翻译和符际翻译的范畴。

贾洪伟(2016a:96)给出了翻译符号学的定义:在符号学研究方法论指导下,以符号学理论为依据,使用符号学方法,探讨翻译发生过程中的符号转换现象及相关问题的符号学分支学科。

贾洪伟(2016b)综合图里(Toury,1986)、格雷(Gorlée,1994,2004)、特洛普(Torop,1994,2002a,2002b,2002c)、黄忠廉和李正林(2015)等对雅各布森语内翻译、语际翻译和符际翻译三分的批判分析,归纳出雅各布森翻译类型存在四种问题:(1)具有浓厚的结构主义色彩,将动态的符号活动当作静态的二元对立处理;(2)修改了皮尔斯解释项的逻辑指称范围,弱化了所指对象的指称关系,将其纳入索绪尔二元符号学范畴;(3)忽视了符号活动中人作为符号发明者、使用者、解释者的作用;(4)语际与符际翻译之间界限不明、错层并列,疏漏颇多,未考虑到反向翻译、合译、转译、编译等范畴。

贾洪伟参考洛特曼(Лотман,1984)的"符号域"概念及其相关思想,

---

① 虽然在皮尔斯的符号学理论框架中有符号主体这一要素,但他并未将之视为决定性要素,这取决于他的广义符号观、非人类中心主义,他只将人作为符号生成、使用和阐释的抽象主体,而没将人纳入符号三元关系系统。"发话者,甚至可能是解释者,均非符号之根本,二者均是符号特征。"(MS 318:58,1907;转引自 Gorlée,1994:118)。

提出域内翻译(intrasemiospheric translation)、域际翻译(intersemiospheric translation)和超域翻译(suprasemiospheric translation)三分,用于翻译符号学的理论建构。贾洪伟(2016a,2020a)以及 Jia(2019a)将同一民族文化内的符号转换称为域内翻译;不同民族文化间的符号转换称为域际翻译;同一民族文化或不同民族文化内的多重介质合成的复合型符号转换称为超域翻译。"一部小说历经域内(汉语小说转换为剧本和台本)或域际范畴(英语小说转换为汉语剧本和台本)的二次符号转换行为,结合声效、舞台行为、妆容、服饰、灯光、布景等,最终形成音、声、光、影等为一体的多媒介符号合成文本,还可配以双语对应字幕,保存为可多次反复播放的电子文本。其中历经同一内部空间媒介的'剧本→台本'之域内翻译,或'小说→剧本→台本'之二次域内翻译,到同一内部空间声、光、影、音不同介质间的域际翻译,再到内外部空间之间的对应字幕配置这一域际翻译,文本从纸媒承载的符号文本转换为以舞台或媒介为呈现介质的符号综合文本,构成了翻译符号学视域下的超域翻译行为。"(贾洪伟,2016c:16)《有关许渊冲翻译理论的翻译符号学思考》(贾洪伟,2017c)在梳理许渊冲翻译理论体系的历史脉络和内在构成的基础上,从翻译符号学视角反思许渊冲翻译理论存在的三个问题:(1)其虽然以三元观呈现,仍有一定程度的结构主义色彩,如三化论;(2)局限于文学语际翻译,忽略过程、描写、评估等层面的观照;(3)属于抽象、理想型、规定式理论,全靠感悟,故不利于把握,也不利于理论的完善和发展。贾洪伟从皮尔斯三级范畴出发,认为许论中的三美对应皮尔斯的一级范畴,关涉品质自身,皮尔斯称之为感觉状态(qualities of impression);三势论、三之论对应皮尔斯的二级范畴,是原文和译文两个符号域空间的对应,是符号活动的操作要求;三化论对应皮尔斯的三级范畴,是解释项发挥作用,在符号(原文)与对象(译文)之间建立起内在联系,如中介、习惯、记忆、再现、交流等抽象范畴,与皮尔斯提出的另一三元关系,即本能(instinct)、形式(form)、习惯(habit)①对应。许论的方法论为三元关系"一、依、异"(潘文国,2017),依据原文遵循"一生

---

① 习惯是在特定情况下,经特定动机触发,随时准备以某种方式做出行动;而故意为之的,或出于自我控制的习惯,精确地说就是信念(*CP* 5.480)。

二、二生三、三生万物"的动态生成互动的宇宙观,由原文转换为异于原文的译文;认识论的三元关系"易、意、艺",易即符号转换,意为意义,是符号转换的核心,艺即翻译的要求,翻译是艺术而非语言活动;目的论即"益—怡",翻译有益于文化交流与繁荣,陶冶人的情操。

三、小 结

翻译符号学的提出与探索体现了我国学者不断增强的学科意识和尝试建设新学科的勇气,这是增强我国在国际学界的影响力、话语权的内在要求和必然路径。"翻译符号学将汲取翻译学、语言学、符号学、生态学、哲学、心理学、人类学、信息论、控制论等自然科学和人文社会科学的营养,以超学科为自己的发展方向,必将为翻译问题提供有效和科学的方法论指导。"(寇福明、吕红周,2017:94)在当前以跨学科、新技术、新通才为核心的新文科建设背景下,翻译符号学必将成为翻译研究新的理论增长点,"翻译符号学这门新兴学科恰逢其时,前景光明,作为年轻而富有活力的学科,其学科建设的方向和格局应该是整体性的、世界性的、具有前瞻性的"(罗选民,2018:3)。

虽任重道远,但未来可期,为建设中国特色、中国风格、中国气派的翻译符号学,接下来,本书将在全面和深入梳理翻译符号学起源和发展历史脉络的基础上,揭示本源、正本清源,论述翻译符号学的合法性基础,尝试建构翻译符号学的本体论、方法论、认识论理论框架。

中编　翻译符号学理论建构

　　翻译符号学在国内外都大致经历了理论预备期、思想结合期以及学科创建期三个阶段,目前正在朝向一门独立学科迈进。但至今翻译符号学理论依然存在诸多缺点和不尽如人意的共性,如缺乏系统梳理符号学与翻译学联姻的发生、发展史,学科史研究薄弱;虽提出了建构翻译符号学设想,但仍处于初步探索阶段,核心术语尚未统一,研究内容、学科边界依然模糊,亟须建构完整的理论框架等;应用探索滞后,尚未形成较为成熟的分析模式。

　　一门独立学科应有自己遵循的主要规律和方法、独立的研究对象、清晰的学科边界,使学者们遵循着相同的研究范式、使用相同或相近的研究方法、统一的学术术语,回答其他学科不能回答的问题,体现出学科聚合性和研究共相特点,总而言之,学科史、本体论、方法论、认识论是一门独立学科的基础。

第三章

翻译符号学的合法性基础

　　回顾历史,学者们从不同领域出发或多或少论及翻译学与符号学的融合问题,如以皮尔斯、莫里斯、塔拉斯蒂(Eero Tarasti)、格雷、迪利、佩尔克、西比奥克、达内西(Marcel Danesi)、洛特曼、特洛普、巴特、德里达(Jacques Derrida)、列维-斯特劳斯(Claude Lévi-Strauss)、彼得里利、庞奇奥(Augusto Ponzio)等为代表的哲学家,以索绪尔、雅各布森、斯捷潘诺夫(Ю. C. Методы)、赵元任、布勒(Karl Bühler)、哈塔玛-海诺宁、韩礼德、莱思(K. Reiss)、弗米尔(Hans Josef Vermeer)、诺德(Christiane Nord)、维尔比、格雷马斯(Algirdas Julien Greimas)、李安宅、瑞恰慈等为代表的语言学家,以巴尔胡达罗夫、卡特福德(J. C. Catford)、奈达、图里、巴斯奈特、托里斯-马丁内斯等翻译理论家,以乌克斯库尔、库尔、霍夫梅尔等为代表的生物学家等。学者们的研究一方面拓展了符号学的研究领域,另一方面揭示了翻译学与符号学的研究共性,为翻译符号学向独立学科发展奠定了前期基础。本章将主要从(但不限于)学科史的角度——具体而言,从翻译学、符号学角度——审视翻译符号学的理论基础和底层逻辑,基于学科学深入讨论从符号学翻译研究发展为一门独立学科——翻译符号学的可能性与合法性。

第一节　学科学基础

一、学科学

人文社会科学研究的热潮出现于 20 世纪 60 年代,这与语言学、哲学的发展具有极大关联。"联合国教科文组织把人类的普遍知识系统分为:自然科学、工程技术、医药科学、农业科学、社会科学和人文科学"(吕俊,2001:8),这是一种复杂视域下的学科群划分,是面对复杂学科和交叉融合研究领域的可行性方法。随着学科交叉融合发展的深入,出现了越来越多的新兴交叉学科,似乎已有的学科目录中没有它们的合适位置,因此,出现了诸如交叉学科、综合学科等暂行名称。吕俊(2001:9)认为,任何新兴学科的建立都必须具备两个步骤:第一,论题的确立,学科的界说,体系的建构,特点分析,分类研究;第二,向理论层面的深入和方法的建构,其目标是更好地解释实践活动和指导实践活动。

伴随着传统学科交叉、渗透、组合之势愈演愈烈,以学科为研究对象的学科学应运而生,其任务是研究学科的定义、分类、结构、模型、形态、特征、更替、衍生、周期、动力、方法、传播、证伪、流派、组织、管理和预测的一般规律(陈燮君,1991:1)。学科学自身也是一门跨学科研究领域,如以哲学为方法论,归纳众多学科的发展规律、学科间辩证关系等,主要关注学科理论体系建构方法、学科规范化、新兴学科与学科群的关系、学科的整体意识等,此外,还涉及学科发展的环境机制、新老学科间的有机联系等。

学科学通过研究科学发展史来总结归纳科学理论的形成规律,将其用来审视新学科的学科方法、学科史、学科研究对象、认识论等宏观理论建构的合理性与合法性根基,并从学科学方法论的高度和层次加以概括和总结。得益于科学技术革命的更新迭代,计算机、自动化、信息技术、人工智能、大数据等给人类社会发展带来了巨大变化,深刻影响着人们的生产生活方式,甚至重塑了人们对特定领域的认知。知识的更新周期也日益缩短,一个多层面、多维度的自然与社会逐渐显现。这对传统学科、理论、知识、方法提出了新的任务,一方面要拓展研究对象,另一方面要更新研究方法,新术语、新概念、新方法、新思潮纷纷涌现,新的学科、新的领域也随之出现。

我们在此依据学科学的基本理论来审视翻译符号学,看它是否已经符合成为一门新兴学科的标准。毫无疑问,一门新学科的出现和发展既需要学者们的集体智慧和不懈探索,又要符合时代需要和学科自身的发展规律。建立一门新学科是一项极其艰难繁重且具有挑战性的工作,新学科既是对已有学科的继承和发展,又要基于对已有知识的合理性批判,针对新的研究对象,提供新的理论视角和方法论支撑。翻译符号学要想成为一门独立学科,除了要有自己独立的研究对象,还应有不可被其他学科所替代的概念体系、理论原则、研究方法、哲学基础等。总体而言,其理论体系要涵盖学科史、本体论、方法论、目的论、认识论,应用方面要探索翻译符号学理论和方法在不同领域的阐释能力,以此检验和修正理论体系。

二、翻译学跨学科研究

据方梦之(2023)的统计,20 世纪 80 年代以来,我国翻译理论研究和跨学科翻译学建构呈现繁荣发展的势头,这些理论或为本土自创,或从国外引进或引进后本土化;经过对 66 种跨学科翻译学的分析,该文指出,成功的翻译学应该具有应用性、可接受性、可解释性。而众多跨学科翻译研究名目的出现也带来了不利的影响,如模糊了翻译研究的边界、研究对象的去中心化。翻译理论通过与已有学科交叉,如哲学、语言学、文学、文化学、符号学、认知科学、交际学、社会学、美学、阐释学、生态学、伦理学、传播学、心理学等,形成了"×××翻译学"或"翻译×××学",其中"翻译符号学"被列入引进理论范畴。方梦之(2023:86)认为:"跨学科翻译研究是推动学科前进的强劲动力,新概念、新术语常源自关联学科,包括哲学、社会学、生态学、脑科学、文化学、心理学、语言学、信息技术等。跨学科研究强调知识的统一与契合,由此产生新概念、新范畴,着眼于解决翻译问题。跨学科研究以翻译学的系统概念为基本结构基础,融合关联学科知识,进而创造出新的知识体系和行为模式,推进翻译研究。"

翻译学自身的跨学科本质决定着多学科、多角度、多层次的研究需要,而不同学科从自身研究领域出发审视翻译现象,势必会带来新术语、新范畴、新概念和新方法,这符合知识更新和学科交叉的一般规律。翻译学是知识增长的机制,涉及不同学科、不同领域、不同时代,使其具有动态性、时代性、渗透性特征,而作为一门学科的翻译学要求具有综合性、整体性、系统性,理论和实践之间的矛盾性显而易见。翻译学的成熟和发展与现代科学技术、人文和社会科学、自然科学等遵循着同样的科学逻辑,任何理论、观念、方法都在解决翻译学的一个问题的同时,不可避免地又催生了另外一个或多个问题。所以,我们秉持翻译即符号活动的过程观,把符号活动视为翻译的机制,把意义的生成与层级化视为翻译的结果,把动态性、生成性、开放性、可错性视为符号活动的一般属性。

现代科学技术与人文知识的发展体现出复杂性,即历时发展与共时发展渗透并存、渐进积累与突变并存、理论思辨与实践探索并举,学科衍生、综合、交叉演进的态势愈演愈烈。原有的学科分类标准、分类依据、管理方法亟须更新,学科间的界限出现模糊性,因此,综合性、交叉性、跨学科性甚至超学科性成为新兴学科的显著特征,未来的学科体系和分布格局应该是动态的、综合的、变化的。

根据学科学理论框架(陈燮君,1991:9),新兴学科发展之初应关注学科定义、学科队伍建设、学科时空布局、学科跨度等诸多方面,尤其是学科发展史(包括学科理论溯源、学科代表人物、学科流派、学科发展现状等)、学科理论体系(本体论、方法论、目的论、认识论等)、学科应用(包括学科评价等)、学科发展环境(学科专业目录、期刊、学会、人才梯队等)。

本书探索翻译符号学作为一门独立学科的基本问题,涵盖学科史、本体论、方法论、认识论以及目的论。具体而言,包括翻译符号学的国内外发展简史,以研究对象、学科定位、核心概念等为内容的本体论,以科学方法、复杂性方法、无限符号活动阐释法为内容的方法论,以知识生产方式、知识存在方式、知识理解方式为内容的认识论,以及翻译符号学理论的应用研究。

虽然我们在此集中论述翻译符号学的翻译学基础和符号学基础,借此来进一步呈现翻译符号学的合法性理据,但需要指出,翻译学和符号学本身就具有复杂性和多学科来源性,如其来源包括哲学、语言学、阐释学、文化学、叙事学、传播学、交际学、伦理学、美学、修辞学、认知科学、信息论、控制论等,因此,众多其他学科对翻译符号学理论建构和应用探索的可能影响也是我们关注的内容。

第二节　翻译学基础

一、翻译学的跨学科属性

翻译学的发展史体现出跨学科属性,从最初的佛经翻译和传播,到跨语言、跨文化、跨文明交际和传播,都具有跨学科性。

翻译学的研究对象体现出跨学科属性。翻译学以承载信息的符号为研究对象,探究符号在不同群体间的信息传递、不同媒介间的信息转换。符号承载的信息涉及不同的学科领域,由此便赋予翻译活动跨学科属性。

翻译学探究与翻译现象相关的诸多不同维度,如翻译规律、翻译要素、翻译机制、翻译过程、翻译行为、翻译伦理、翻译教学、翻译能力、翻译质量、翻译标准、译者技能测评、翻译史、翻译与人工智能等,其研究内容体现出明显的跨学科特征。

翻译学的研究方法具有跨学科属性。翻译学研究借鉴了语文学、语言学、比较文学、社会学、哲学、跨文化交际、人类学、社会学、认知科学、心理学、文化学、信息技术、人工智能等学科的研究方法。

20 世纪 70 年代,霍姆斯(James Holmes)提出"翻译学"(translation studies)的学科设想,将翻译学分为纯翻译学和应用翻译学,纯翻译学又分为理论翻译学和描写翻译学,应用翻译学则包括译者培训研究、翻译词典研究、术语数据库研究、翻译批评研究等,开启了翻译学向独立学科发展的进程。

20 世纪 90 年代出现了翻译研究的文化转向,即从语言中心主义转向文化研究,翻译研究在语言学范式之外发展出文化学范式,文化构建论派、文化适应、中心文化/边缘文化、强势文化/弱势文化等概念随之出现。此时还出现了描写翻译理论,图里认为,翻译行为由描写和解释构成,而解释又基于描写。描写内容的确定是译者基于中介概念的选择,中介或构型是第三对比项(tertium comparationis)。图里依然遵循规范主义范式,把等值视为"可接受性和充分性的某种组合,或二者之间的某种妥协"(Toury,1986:1123)。

进入 21 世纪,随着科学技术的发展和进步,机器翻译、大数据、生成式人工智能极大地改变了传统翻译模式,人工智能可完成文本的初稿,译者集中精力处理译后编辑和审定修改,翻译效率和质量大幅度提高。与此同时,人工智能赋能翻译引发了对翻译伦理、翻译人才培养等诸多问题的重新思考。翻译学研究呈现出从语言学范式、文化学范式向超学科范式的发展倾向,翻译学的跨学科本质体现得更加充分,任何单一学科都无法全面理解和深入阐释翻译现象和本质。

二、重新定义与定位翻译学

翻译的复杂性体现在它同时是行为、过程、现象、产品、理论、实践。历史上,学者们根据自己的翻译实践得出了许多经验性认识,围绕可译与不可译、直译与意译、归化与异化、忠实与背叛等问题展开了持久但无果的讨论,其背后是经验主义、教条主义在作祟。一方面,他们把翻译视为语言转换,对词汇、语法、修辞、语用、文化等不同内容的关注成为翻译理论片面性、多样化、分裂化的根源。另一方面,翻译理论与实践之间的不平衡发展严重阻碍着翻译学作为一门独立学科的发展和完善。

20 世纪的 70 年代,翻译学开启了学科化进程,出现了结构主义学派、语文学派、文化学派等,叙事学、修辞学、意识形态、生态学等理论被用来解释翻译过程。虽然翻译研究的队伍声势浩大、学派林立、理论众多,但"因各学派不是相互批判以求推进,就是各自为营,专门构建自己的理论系统,可大多仍着重言语符号层面,特别是文学领域的文字文本,遗留众多广义翻译范畴内的空白点,如思维与言语符号的双向转换、实体与符号转换等,不但影响翻译概念界定的统一性、翻译理论的构建,更影响区域、民族、世界翻译史的书写和构建"(贾洪伟,2016a:94)。因此,重新定义与定位翻译,以及在更深入和全面理解翻译本质的基础上建构具有普遍意义的翻译理论成为当前国内外翻译学研究的前沿和热点课题。

我国学者对翻译的研究总体上沿袭了索绪尔的结构主义二元观,将翻译视为两种自然语言之间的转换,翻译的效果以是否等值为评判标准。翻译理论与实践讨论多围绕原文与译文、作者与译者、作者与读者、译者与读者、可译性与不可译性、忠实与背叛、形式与内容、语义与修辞、字面意义与隐喻意义等二元范畴展开。

谢天振(2015:14-15)对重新定义和定位翻译进行了深刻思考,他认为,翻译的定义应随着国家和民族历史的发展而发生相应变化。在当前语境下,翻译的主流对象已由传统的纸质文本发展为文字、图片、声音、影像等多种符号组成的超文本和虚拟文本,翻译的手段、工具也吸收了科技元素。此外,传统上以译入为主的翻译活动转向译入和译出并重,民族文化外译已经成为越来越多的国家和民族文化工作的重点。翻译要超越语言的层面(方言到方言、方言到通用语、古代语言到现代语言、一种语言到另一种语言等),还要把图像到语言、声音到语言、手势到语言、人机交互等非语言活动与语言的转换纳入翻译学的研究范畴。

任何一门学科研究范式的演进都会带来一定程度的冲击,对已有的理论体系、研究方法、研究理念等产生不同程度的影响。"显然,翻译研究已经落后于翻译活动的发展,传统的理论已无法解释、更不能指导当今的翻译实践。翻译的重新定义与定位似乎刻不容缓。"(廖七一,2015:16)我们倾向于支持这一判断,我们国家的翻译现实情况发生了巨大变化,已经从引进和阐释国外的翻译理论发展到建构中国特色的翻译理论,从对内翻译占主导发展到对外翻译的规模超过对内翻译。将翻译现象视为语言转换的出发点注定无法突破语言学的藩篱,我们需要借鉴跨学科理论和研究方法来建构能够阐释翻译跨学科和超学科本质的翻译学理论。

三、从符号学翻译研究走向翻译符号学

翻译研究从语言形式主义模式逐渐过渡到跨文化阐释模式,即翻译的文化转向呈现出一种融合性态势,从而将语言内部层面的纯粹语言转换和语言外部因素或符际因素综合考虑到翻译的过程中,表现出跨越语

言界限和文化传统甚至跨越文明的特点,文化的复杂性本质为多学科阐释翻译提供了合法性。文化是民族的灵魂,语言是文化的内核,同时也是文化传播和交际得以实现的最重要载体,全球化语境下翻译的文化转向已经是显著趋势。翻译研究亟须吸收多学科相关理论的合理成分,如哲学、语言学、文化学、心理学、社会学、符号学、人类学、民族学、认知科学、伦理学、人工智能、大数据、信息技术等学科,完善翻译的多学科定义。

符号学作为人文社会科学的一般方法论,应该对翻译研究做出自己应有的贡献,为作为一门科学的翻译符号学的建立提供理论依据。"符号使人得以深入到意义之中,人对事物的符号化理解是文化积累的前提。人对客观世界的把握与认识总是在途中,总是不完善的、暂时的、动态的。符号学正是在这种动态的过程中解释研究对象的本质,提供认知事物的最佳方式,而这正是符号学方法论威力的彰显。"(吕红周、单红,2013:20)

翻译内涵的丰富和翻译对象的变化要求我们重新审视翻译的定位,翻译的研究对象从语言转换为符号。符号化思维和符号化行为成为人类的重要表征,以符号共相、代码、符号活动、符号间性、符号生长、意义层级化、符号主体等为重要内涵的符号转换成为翻译符号学建构的合法性根基。我们把借鉴符号学理论和方法来探究翻译现象的研究称为符号学翻译研究,其特点在于为翻译学提供新的理论视角和研究方法,是一种脚注式、视角式研究,不以发展一门独立学科为任务。翻译符号学作为一门新兴学科,符合翻译学与符号学发展的内在需求。翻译符号学对翻译本质、规律、模式的独特解释预示着它广阔的发展前景和空间。

第三节　符号学基础

一、符号学思想的起源

古希腊的希波克拉底(Hippocrates)从医学视角提出了症候学,被誉为符号学之父。柏拉图(Plato)在《克拉底鲁篇》中讨论事物与名称的关系,引发了名实之争,即名称是由事物本质决定还是约定俗成的。亚里士多德在《诗学》和《修辞学》中提出有意义符号和无意义符号,在《范畴篇》中提出语词范畴问题和同音异义词、同义词、引申词问题,在《解释篇》中讨论名词、动词、句子定义及命题之间的语义关系问题(肖峰,1989:13)。古希腊先贤们从诗学、美学、范畴学、逻辑学等层面论及语言符号,多从静态的规则、范畴切入,未能从动态系统观出发建构一套完整的符号学说体系。

老子在《道德经》中将"道"视为宇宙的主宰,即此"道"变化万千,道生一,一生二,二生三,三生万物,宇宙万物皆由"道"衍生而出,它们共同构成一个动态、发展、变化的符号系统,整个宇宙便由此构成一个互相联系的动态整体。我们倾向于将《道德经》所体现的符号观解释为一元论,比莫斯科-塔尔图文化符号学派的文化一元论更为系统、更为全面、更具有概括性,且层次分明、逻辑严密,系统与子系统之间的关联度高,具有当前任何符号一元论都无法比拟的优势。这一系统并非绝对静止的一元论,而是一体多元的动态互动系统,这也是中国古代符号思想之精髓所在。

二、符号学成为一门独立学科

就符号学的学科定义而言,不同的学者给出了不同的答案,如皮尔斯把符号学视为逻辑学的别名,是研究符号形式的科学;索绪尔把符号学视为研究社会生活中符号生命的科学,学科归属上是社会心理学,由此也是普通心理学的一部分;莫里斯把符号学视为元科学,旨在为各种形式和表征的符号构建一个普遍性理论,不论是动物符号还是人类符号,不论是正常符号还是病理符号,不论是语言符号还是非语言符号,不论是个人使用的符号还是社会共用符号,都属于其研究的范畴(Morris,1964:1);艾柯把符号学视为研究符号撒谎的学问。就符号学和语言学的关系而言,索绪尔把语言学视为符号学的一部分,语言学所发现的规律可用于符号学研究;巴特则与索绪尔持相反的观点,把符号学视为语言学的一部分。

皮尔斯作为现代符号学的奠基人,为符号学向一门独立学科发展做出了突出贡献。他的研究计划是要把任何学科、整个人类思维都纳入他的理论范围,他的实效论基于实验室数据和科学实证,吸收了可错论、进化论等动态思想去探求意义和真理,皮尔斯称之为终极共同体(final community)。皮尔斯的符号活动概念为翻译符号学的建立提供了核心概念依据。在皮尔斯的符号定义中,一个符号要想成为一个符号,就必须被解释为一个等值的符号或一个更加发达的符号,换句话说,符号具有产生解释项的能力,符号及其指称的逻辑对应关系需要经过解释才具有社会意义,因符号及其指称意义具有动态性,解释是符号的生命和存在方式,解释的终止意味着符号的死亡。莫里斯发展了行为主义符号学说,一生倾注于符号和价值研究,建构了符号学三分(符构学、符义学、符效学)的理论体系,以及通过论域分类讨论符号的具体运用。雅各布森从语言学、诗学研究扩展至符号学研究,他的语言功能六要素构成的交际模式未凸显符号载体,这增加了符号活动的解释难度。

1964年,巴特的《符号学原理》(*Éléments de sémiologie*)的出版,标志着符号学成为一门独立学科,巴特运用符号学概念、原则和方法考察了文化和文学现象,区分了符号学意指与语言学意指,他的意指系统思想无疑为意义的层级衍生以及翻译的层级阐释提供了理论启示。翻译使符号活动的本质逐渐清晰,而对意义层级的分析与阐释无疑是理解符号活动的重点所在。西比奥克从皮尔斯"宇宙沉浸在符号之中"的断言出发,把符号学发展成为一个学科领域——全面符号学。

1969年,国际符号学会成立,其会刊《符号学》成为符号学研究在世界范围推广的学术平台,符号学在美国、法国、苏联、爱沙尼亚、意大利、德国、日本等国家和地区得到了不同程度的发展。符号学的任务不但包括研究一般意义上的符号和符号活动,还包括所有生命系统中的符号使用现象,尤其是各种形式和类别的交际、信息传递与转换中所涉及的条件、功能、结构、层次、属性、类别、系统、性质等可见与不可见的符号现象和事件。

波斯纳(Posner,1987:ix-x)区分了以符号相关学科的理论基础为研究对象的普通符号学;以统一的方法论和术语为基础,研究所有生命系统中符号活动的比较符号学;以现实情境下符号使用的最佳化为目标,力图完善不同主体间(人与人、人与动物、人与机器、有机体与有机体、有机体内部、机器内部等)、不同模态(感官系统、神经系统、酶序列等)、不同符号

（基因、蜜蜂的舞蹈、鸟鸣、交通信号、手势语等）、不同介质（文字、相片、广播、电视等），以及不同交际模式（指令、叙述、论述等）的符号活动的应用符号学。

广义的符号观及其跨学科视野为符号学的蓬勃发展带来了深远影响，一方面，把一切都纳入符号学研究框架的尝试弱化了符号学领域知识、理论、研究方法的同质性和共性基础，一定程度上影响了符号学作为一门独立学科的发展进程；而另一方面，因为符号学的方法论阐释威力，符号学与不同学科领域的结合催生了众多的符号学分支学科，如语言符号学、音乐符号学、生物符号学、动物符号学、文化符号学、电影符号学、存在符号学、教育符号学、体认符号学、中性符号学、翻译符号学等，涉及视觉（如电影符号学）、听觉（如音乐符号学）、触觉（如认知符号学）、心理、伦理等多种语言符号和非语言符号系统，形成了多模态、多媒介的研究局面。

三、符号学翻译研究

郭建中（1999）在《当代美国翻译理论》中分析了翻译过程的复杂性，认为要深入了解翻译的规律，全面把握翻译的实质，建立独立的翻译学科，必须开拓语言以外的研究领域，并总结了运用符号学研究翻译的三大优越性："符号学是分析翻译现象最全面的体系；符号学使翻译跨出了纯语言研究的范围而进入了一个更加广阔而绚丽多彩的天地——文化的比较研究，能够全面系统地描写翻译的非语言因素（超语言因素）；能对翻译理论和实践中某些悬而未决的争论问题提供新的观察角度。因此，只有从符号学角度来研究翻译，才能驾驭翻译的全过程，统帅翻译的全局，说明翻译中的一切问题。"（郭建中，1999：106）从中能感受到作者对符号学翻译研究前景的极大信任和期待，这无疑鼓励了符号学翻译研究者们的研究热情。符号学翻译研究的国内外历史似乎已经证明了作者的前瞻意识和符号学翻译研究的卓有成效。

因此，我们已不满足于仅从符号学视角探究翻译，为翻译中的问题提供答案，而是要尝试建立一门把翻译视为符号转换、以符号活动为研究对象的符号学分支学科——翻译符号学，并从本体论、方法论、认识论探究翻译符号学的可能样态。我们已做好面对前途光明、道路曲折的考验。

第四章

翻译符号学的本体论研究

"从(20世纪)90年代至今,学者们参照哲学的本体论、认识论和方法论,以意义理论、阐释学、欧美分析哲学、接受美学、结构主义等路径对翻译进行研究。"(许钧、穆雷,2009:84)对翻译的哲学思考是翻译作为一门成熟学科的发展必然方向,哲学导向的翻译研究是一条不可或缺的路径。我们遵循这一原则,尝试开展翻译符号学的本体论、方法论、认识论研究,只不过我们选择的路径是跨学科的符号学。翻译符号学作为一个新的研究领域或一门独立学科,首先要明确自己的研究对象、核心概念、学科本质、学科内涵、学科定位、研究范围、研究任务、研究方法等基本问题。

我们从学科定位、研究对象、符号转换机制三个方面展开翻译符号学的本体论研究。具体而言,翻译符号学是从借助符号学理论展开脚注式、视角式符号学翻译研究发展为拥有较完整学科理论体系(学科史、本体论、方法论、认识论)的符号学分支学科。皮尔斯的"符号活动"概念是翻译学和符号学融合发展的理论起点,翻译符号学以符号转换为研究对象,翻译的机制是符号活动,翻译的结果是符号生长和意义的层级化。

第一节　学科定位

基于符号学与翻译学联姻之合法性与可能性的探讨,要系统建构翻译符号学的理论框架,首先要廓清符号学翻译研究、符号翻译学、翻译符号学等相关概念,明确翻译符号学的学科定位、研究对象、理论边界、研究范围、研究任务、研究方法和研究目标,为建立翻译符号学这一符号学分支学科提供理论支撑。

一、翻译符号学是符号学分支学科

符号学视角下的翻译研究,同其他交叉学科一样,如社会翻译学、翻译社会学、生态翻译学、翻译生态学、翻译传播学、知识翻译学等,也面临着相似的学科困境,如存在的合法性、研究对象的独立性、研究方法的有效性、研究边界的清晰性等问题。无论符号翻译学还是翻译符号学,都是翻译学与符号学相互影响、融合发展的产物,体现出跨学科特点和多学科属性。虽然它们之间有很多共性,但从独立学科发展的要求出发,我们应从学理上进一步区分它们的理论视角、研究对象、研究目标和学科归属,明确它们不同的学科定位。

我们在此借鉴社会翻译学与翻译社会学的区分方法,为符号翻译学和翻译符号学的区分寻找可行的依据与参照。霍姆斯在《翻译的名与实》("The Names and Nature of Translation Studies",1972)一文中提出社会翻译学与翻译社会学都具有交叉学科属性,二者既是翻译学也是社会学的合法领域。王洪涛(2016:8)参照社会语言学与语言社会学的区分,将社会翻译学界定为从社会学的角度对翻译现象或翻译活动进行研究的学科,其切入角度主要是社会学,研究对象主要是翻译现象或翻译活动,研究目的主要是更好地认识翻译现象或翻译活动,因而是翻译学的一个分支学科。对照而言,翻译社会学是从翻译学的角度对社会现象或社会活动进行研究的学科,其切入角度主要是翻译学,研究对象主要是社会现象或社会活动,研究目的主要是更好地认识社会现象或社会活动,因而是社会学的一个分支学科。

以往研究中的类似学科,如社会语言学与语言社会学、民族语言学与语言民族学、人类语言学与语言人类学、语言心理学与心理语言学、语言经济学与经济语言学、生态翻译学与翻译生态学、社会翻译学与翻译社会学等等,它们常常基于不同的理论,有不同的研究对象、不同的研究任务、不同的研究方法等。我们可据此区分翻译符号学与符号翻译学①,它们在学科归属、研究范围、研究对象、研究任务等层面既有共性,也存在差异。

二、翻译符号学与符号翻译学

经过文献梳理,我们发现与符号学翻译研究相关的主要术语有 semiotics of translation, semiotranslation, semiosic translation, translational semiotics, the semiotic studies of translation 等,不一而足,名目众多。不同学者使用不同术语,意在表达不同的内涵和倾向,言人人殊。这一方面是学术自由的表现,也是学术创新的内在要求;但另一方面,大量不同的术语容易引起阅读和交流障碍,不利于学科的形成与发展。

出于统一表达的考虑,我们将使用和借鉴符号学理论和方法开展翻译学研究、为翻译学提供新的理论视角的翻译学分支学科称为符号翻译学;把以符号转换为研究对象的符号学分支学科称为翻译符号学。

总体而言,在学科归属方面,翻译符号学是符号学分支学科,符号翻译学是翻译学分支学科;在研究对象方面,翻译符号学以符号转换为研究对象,符号翻译学以符号为翻译研究对象;研究方法方面,两者皆使用符号学的理论和方法。

符号翻译学,顾名思义,是一种借鉴符号学理论、方法、视角展开翻译研究,将符号作为翻译行为和过程的对象,旨在拓展翻译研究的理论视角,和语料库翻译学、认知翻译学、生态翻译学、社会翻译学等具有一定的类比性,属于翻译学分支学科。

翻译符号学持"翻译即符号转换"的广义翻译观,以符号转换为研究对象,以符号学理论为依据,以符号学方法为基础,全面分析符号活动涉及的意指行为、阐释过程、转换规律、翻译结果、评价标准等内在转换要素,以及影响符号活动的外在要素,如主体性、主体间性、意识形态、价值

---

① 格雷(Gorlée,1994:226)1994年首次提出了 semiotranslation 概念,旨在"聚焦于言语与非言语符号系统之间的转换,进而侧重于完全不涉及语言的符号转换"。斯泰科尼(Stecconi,2008:162)在评价格雷的理论时指出:"其以翻译诠释(皮尔斯)符号学,非以符号学解释翻译现象。"可见,格雷的符号学翻译的定位与该名称不符,她的研究还是以符号学为旨向,所以我们在本书中将格雷的理论视为翻译符号学创建的初始尝试。

观、伦理、操控、权利关系等。

以有形符号和无形符号为依据,翻译符号学的研究对象即符号转换可以分为以下三类:(1)以物理形式为载体的有形符号转换为有形符号,如语言符号(语言文字等)转换为语言符号、语言符号转换为非语言符号(手势、表情、姿态、妆容等)、非语言符号转换为语言符号(如构思到文字等);(2)有形符号转换为以非物理形式为载体的无形符号,如文本转换为情感、行为转化为思维、学习转换为能力、训练转换为习惯等;(3)无形符号转换为有形符号,如构思、情绪、感知、倾向转换为文本、画作、乐谱、建筑、雕塑、舞蹈、表情、动作等。

正如贾洪伟(2016a:96)所给出的翻译符号学的学科定位:"翻译符号学为符号学门类下的分支学科,系在符号学研究方法论指导下,以符号学理论为依据,使用符号学方法,探讨翻译发生过程中的符号转换现象及其相关问题。从符号学和翻译学的当前发展看,翻译符号学属符号学之新创学科,旨在建构以符号转换为对象的符号学分支理论体系。"

第二节　研究对象

翻译符号学作为一个新兴的研究领域,其理论建设处于起步阶段,要想成为一门独立学科,还有许多工作要做。翻译符号学以翻译过程中发生的符号转换为研究对象,关于这一点,国内的一些首倡学者基本达成了一致。

翻译符号学把符号活动视为翻译的机制:"符号的意义就是不得不被翻译成的那一个符号"(CP 4.132),"任何语言符号的意义都是将其翻译为可替换的符号,尤其是一个更为发达的符号"(CP 5.594),"以各种可能形式存在的翻译就是被称作符号活动的这一普遍性机制的一种表征"(Hartama-Heinonen,2015:43)。"我把符号活动界定为由符号、对象、解释项三者协作构成的过程,这种三元关系不能消解为二元关系。"(EP 2.411)符号活动是在符号主体(人、动物、生物、人工智能等)那里产生一个同等的符号或一个更加发达的符号,这样就形成了符号载体、符号对象、符号解释项这一不可化约的三位一体。每经历一次符号活动，符号能力都会得到增强。一个符号被前一个符号所决定，同时被后一个符号所阐释，这就形成了符号链，随着符号链的扩展和传播，社会共识也不断形成和扩大。

为了全面深入了解符号转换的内涵与外延，我们在此集中分析与它密切相关的概念：符号、符号对象、符号解释项。

一、符　号

符号是这样一种存在，即"传递一种本质上不同于载体本身的信息，代表其他东西，从而使自身得到更充分的展开，否则就没有意义，不成其为符号"（王铭玉等，2013:5），符号至少具有以下核心特征：表意性、物质性、社会性、规约性、传播性、交际性等。

奥古斯丁（S. Augustine）较早地意识到符号的重要作用，并提出符号是各类交际的普遍工具，皮尔斯在继承"符号是交际工具"的观点的基础上，进一步提出思想、语词与人都是符号的事实的观点，"人所用的语词或符号是人自身。因为把每一个思想是一个符号的事实与生命是思想列车的事实联系起来，我们可以证明人是一个符号，因此，每一个思想是一个外在的符号，证明人是一个外在的符号……我的语言就是我自己的总和，因为人就是他的思想"（*EP* 1.54），"如果宇宙不是完全由符号组成的话，那么，至少可以说整个宇宙充满了符号"（*EP* 2.394）。可见，在皮尔斯看来，符号不限于人类的语言和文化领域，宇宙中的一切都可以是潜在的符号，动物、植物、细菌甚至自然中的一切，只要涉及意义，都具有成为符号的潜能。

西比奥克则进一步从学科化视角将所有生物融入符号学，进而提出了全球符号学设想。霍夫梅尔（Hoffmeyer，1996）与皮尔斯均持广义符号观，认为除了人化世界以外，整个宇宙中都充满了符号，宇宙是一个潜在的可能意义世界，霍夫梅尔将符号意义的历史追溯至宇宙大爆炸时期。人生而具有符号意义的自觉，所有符号化过程都始于个人，但均具有社会文化属性。符号是人的根本存在形式，人是符号的动物，人以符号化的思维和符号化的行为建构自己生存其中的世界，不断创造和积累人类文化。

综上所述,在翻译符号学框架下,符号是可被阐释之物,"是被认为携带意义的感知"(赵毅衡,2013:7),"意义不在场,才需要符号。不存在没有意义的符号;任何理解都是理解"(赵毅衡,2011:46)。我们倾向于认为:只有符号的部分意义在场。这是无限符号活动的内在需要,也决定着形式与内容、语言与意义永恒的互动。这里的"人类文化的表意方式"即符号表征,遵循着符的生成、传播、表意、接受规律,皮尔斯称之为符号活动。符号活动可分为从对象到载体再到解释项的正向符号活动和从解释项到载体再到对象的逆向符号活动。

二、符号对象

皮尔斯认为,每一个符号都有两个对象:直接对象,即符号所代表的对象或符号表征的对象,它的存在依靠符号的表征;动态对象,即通过某些方式决定符号和其表征的现实,独立于任何表征,但它决定着符号,是"真正有效但不直接呈现的对象"(EP 2.482)。直接对象被符号表征,而动态对象则生产符号。海市蜃楼的直接对象是"一片绿洲",动态对象是"沙漠上活动的热空气"(瓦尔,2003:109)。每一次认知都包括表征某物,或我们所意识到的东西,以及一些过程或自我的激情成为表征。前者可被称为认知的客观成分,后者是主观成分。"认知本身是其客观成分的一种直觉,可被称为直接对象"(CP 5.238)。皮尔斯(CP 8.183)举例来解释直接对象和动态对象,"The Sun is blue"这句话的对象是"the Sun"和"blueness",其中"blueness"是直接对象,是一种感觉质,只能通过感觉来感知。"Sun"可能表示各种不同的感知,可以用地点、质量等术语来阐释这些感知,这时它就是动态对象。此外,皮尔斯还提出了真实对象(CP 8.314),真实对象与虚构对象相对,如龙、凤凰、麒麟等就是现实世界中不存在的虚构对象。

皮尔斯关于符号直接对象和动态对象的划分有助于我们理解翻译过程的复杂性,直接对象与动态对象可对应直接意义与间接意义,或字面意义与隐含意义。符号有自己的存在形式与内容,但常与符号主体的意图不一致,正是因为意图决定了符号的使用,但却并未直接呈现意图本身,直接对象与动态对象的区分,反映的是字面意义与隐含意义的割裂。

三、符号解释项

符号解释项是一个符号在解释者身上所产生的效果,它决定了一种感情、一个行为或一个符号。符号的三位一体关系中,对象决定符号,符号载体决定意义,对象同时通过符号载体以间接的方式决定解释项:对象→符号载体→解释项。这里符号载体和解释项可以是多个。"一个符号是把第二个事物(它的对象)和第三个事物(它的意义)联系起来的东西"(*CP* 1.92),根据这个理解,一个符号就是将对象和解释项联系起来的中介,但符号影响和决定的不是对象,而是解释项。

皮尔斯(*CP* 8.314)根据符号接收者做出反应的类型区分出三类解释项:从感觉得出的直接解释项,在有关符号自身的正确理解之中显示出来,属一级范畴符号,表示可能性;从行为得出的动态解释项,即在人心里所产生的实际效果或符号造成的实际效力,属二级范畴符号,表示现实性;从思维得出的最终解释项,即符号以一种方式使自身与对象建立起联系,是"在思想足够发展后,符号在人心里所产生的效果"(*EP* 2.482),属三级范畴符号,表示规则性,即最终解释项,最终解释项就是皮尔斯的真理或最后的意见。

对解释者而言,直接解释项(一级范畴)是关于一个人、一幅画、一个空间、一首交响乐的未经分析和反思的印象(Mittelberg,2019:205-206),与直觉相关。人类以直接或间接的方式通过身体感知世界,如人的感官(触觉、味觉、嗅觉、视觉、听觉等)反应,"感觉是当我们处于清醒状态下,无关强迫和理由而出现在我们意识中的东西"(*EP* 2.4)。根据皮尔斯的分类,感觉属于意识和经验的第一个层级,如本能、直觉、模糊的心理或情感状态,更倾向于通过身体符号来表征。存在动态解释项(二级范畴)是单个解释事件中符号引发的解释,比如一个手势被理解为具有特定意义。手势符号在没有升级为习惯、规则、法则之前,具有高度的情境依赖性,主要表达处于二级范畴的指示性关系。"动态解释项是每一个解释行为的体验内容,但不同于任何其他的解释行为"(Oehler,1987:6),强调的是动态解释项的情境化,二级范畴的经验经过不断重复或具体化后,可能会转换到三级范畴的习惯,具有明显的文化塑造痕迹。最终解释项(三级范畴)是一个符号对符号解释者施加的规则性、法则性或习惯性影响,是"解释习惯或行为习惯"(*CP* 5. 491)。手势和运动轨迹具有对应的语义结构,手势可以在不同程度上将感觉、行为和思维组合起来呈现,即手势可以同时具有三个普遍范畴的属性(Mittelberg,2019:215)。

第三节 符号转换机制

"任何学科要取得研究范围的拓展或研究范式的革新,首先要对学科基本概念进行反思。"(蓝红军,2022:36)基本概念是一门学科存在的基础,是其理论建构和开展研究的前提。术语界定事关科学研究本体的认定,决定着研究本体的认识范围及研究方法论的选择,因此,有必要围绕翻译符号学的研究对象——符号转换展开核心概念的研究。符号转换机制涉及转换基础、转换原则、转换结果三个阶段。

一、符号转换基础

人是符号动物,符号不仅是人内在思维和外在表达的手段和工具,也是人的存在方式,人本身就是一个符号。人与人的互动、人与社会的互动建构了一个个具体的情景,这形成了符号交流的社会基础。社会是主体与客体、个体与社会互动的结果。客体的价值和意义在主体的偏好和选择中得以体现,并非完全由客体单独决定,因此,意义具有相对性。而个体与个体、个体与社会互动的基础是意义的共相。那么共相如何达成呢?"当某一个体在交际过程中发觉他的经验与别人的经验相似时,他便超越了个人的主观性,达到了经验或符号的共相。对米德来说,共相就是一种客观性,是主体之间达成的共识。"(张良林,2011:4)

只有当一个机体对自己的行为做出的反应与其他机体对该行为所做出的反应相似时,所产生的符号对该机体来讲才能拥有一个与其他机体相同的意指。符号活动成为生命的基本特征,西比奥克认为只有生命实体才会建构环境界,生命是有机体建构关系的过程、模式化的过程,符号活动停止意味着生命的结束。"在一定程度上,每个符号(=符号活动)都是模式化。一方面,它通过把有机体的经验包括在内进行模式化,而一个有机体的经验是内置于该有机体的个体结构之中的。另一方面,符号中对象的存在使得模式化和对象彼此一致。与经验的相关性,使得符号(及其意义)变为多义,而与对象的相关性,则使得它变为一(单义)。"(库尔,2013:52)

符号共相可以在不同机体中引起相同或相似的反应倾向,但不一定会引起相同或相似的行为。米德认为,有声符号(vocal sign)是典型的表意象征符号(significant symbol),有声符号既能被其他机体听到,也能被自己听到,在自己和他人身上能引起相同或相似的反应倾向。"语言符号作为典型的表意象征符号,是一个社团成员所共有的,它对一个人所意指的内容与对该社团所有成员所意指的内容相似。当一个个体采取他人态度针对自己,并且自己发出的符号或行为在自己身上引起与在他人身上引起的反应相似时,他就向自己表明了该符号的意义。"(张良林,2011:5)共相符号的主体因为主体间性而对其进行相似的解释,解释者对同一符号具有相似的反应。从这一意义上说,共相是符号转换的基础。

二、符号转换原则

"符号是各种人造物或行为,用以指代他物而非自身;代码则是符号组成的体系并使符号之间相互关联。"(费斯克,2008:1)代码是符号组织的原则,也是符号转换的原则,代码控制着说话人对意义的选择和听话人对意义的解释。代码控制着文化的语义类型。伯恩斯坦(Bernstein,1973:258)指出:"代码通过其语义特征界定,而代码的语义特征可通过社会结构的成分预测。"代码不是语言变体,典型的语言变体是语域和方言。方言变体与社会结构特别是社会等级有着较为密切的关联。代码位于语言系统之上,是社会符号的类型,是社会系统产生的意义的符号秩序。每一个人都是一个多风格的说话人,拥有至少一种地域方言或社会方言,每次社会交际都会伴随着代码的转换。社会结构控制着语言,通过语言,社会结构得以维持和传递。语义系统是语言系统和更高层的符号系统的交互界面,是社会系统的投射或实现,同时,语义系统投射到词汇语法系统或被词汇语法系统实现(Halliday,2001:67)。

翻译并不能简单化为将一种语言中的一个词替换为另一种语言中的一个词。索绪尔认为,音响形象是能指的心理印记,与人头脑中的概念结合构成了符号,他把符号与外在现实之间的联系排斥在符号研究之外。索绪尔把符号与符号之间的关系放在关注的中心位置,因为在他看来,符号的价值在于该符号与系统中其他符号的区别,而并非在于符号与外部世界的关系。

费斯克(2008：37-38)似乎并不同意这一观点,他努力使符号与现实建立联系,"我们对公牛的概念与现实中的公牛之间的联系就是意指化,也就是我们为世界赋予意义以理解世界的方式",这样,他把符号扩展到系统之外,"意指化既有不同语言形态上的差异性,更具有文化上的特定性"。意义的动态性就在于它是一种历史性的存在,永远处于符号主体对符号的解释过程中。根据皮尔斯对符号的理解,符号对某人来说在某方面或某种程度上代表某种事物,因此,符号由符号载体、对象、解释项构成,根据符号与对象之间的关系,符号可分为象似符、指示符、象征符。符号引起接收者的某种情感反应或行为倾向,从而在个人的经验之间建立起联结,在协商和互动的过程中产生了个人的符号释义。象似符与对象之间的相似性程度或理据性最高,指示符次之,象征符具有最大的任意性。

三、符号转换结果

符号转换的结果是符号生长和意义的层级化,"符号会生长……一个新符号的生成,只能脱胎于符号。符号一旦生成,便在人群中传播,在使用和体悟中衍生意义。类似的词汇如力量、法律、财富、婚姻,为我们承载着不同于野蛮时期先辈们使用的意义"(CP 3.302)。

每一次阅读都会产生新的意义,都涉及三种符号主体即创作主体(作者)、翻译主体(译者)、接受主体(读者)的互动。任何翻译都不是意义的终结,而是新的对话的起点,这是意义动态性流动的内在要求。皮尔斯从对符号解释项的分析得出了符号生长理论,符号生长理论可以很好地解释新意义是如何产生的。

符号只有经过解释才成为符号,一个符号的解释必须通过另一个符号来实现,理论上看,这种解释的过程具有无限性,"解释性符号可以或必须在其自身方面被说明,从而这一说明将第一解释项化为第二媒介,这一媒介是对其自身方面的解释"(王铭玉,2004:125)。符号生长的本能导致了符号层级现象,"语言是个层级符号系统,每一级的符号总是由能指加所指构成,而它们的复合构成物又作为上一级符号的能指进入新符号的构成过程"(王铭玉,2004:222)。

符号生长理论及符号层级对翻译研究有着直接的启示和帮助,语言符号系统观认为,系统的意义要大于部分的加和,具有任何一个部分都没有的意义。符号生长的过程一方面形成了表达式的连续体,另一方面将符号与外界的实际事件、事物或状态连接起来,但是"把符号与其内容进行组接并不意味着生产过程的终结,还需将符号和实际事件进行比较并揭示出发送者与接受者的关系"(王铭玉等,2013:85)。翻译的阐释过程就是源语文本符号系统的生长过程,跨越语言界限、文化界限和文明界限就是为了与异质语言、文化和文明对接,从而对接受者产生预期的影响并出现一种互动。

第五章

翻译符号学的方法论研究

据许钧和穆雷(2009:78)统计,从 1978 年到 2007 年,我国翻译学研究经历了跨越式发展,翻译学从无到有,从处于边缘附属地位到发展为一门独立二级学科,已出版翻译研究专著约 1575 部(包括港澳台地区),而其中翻译方法论研究占比为 0% ,与我国翻译学学科整体发展态势极不对称,方法论研究领域的空白极大地影响了翻译学的健康发展,亟须我们认真对待。

翻译学方法论研究滞后的原因是多方面的,如限于学科自身特点、研究者个人学术兴趣、社会需要,以及翻译学理论与实践发展不平衡等。如果不能说翻译学是一门实践性学科,至少可以说它具有很强的实践性特征。总体而言,翻译学研究中往往会出现随感式的经验总结、技巧讨论,而理论性、科学性、系统性、学科性则相对较弱。翻译学研究具体操作方法的使用、分类、总结,如统计分析、语料库分析、个案分析、对比分析等,多处于个人感悟、偶发经验、翻译心得等个体层面,如果要上升到方法论,还需要从个别到一般、从感性到理性、从具体到抽象的转换,从而实现理论化、定性、解释性研究过程。

成熟的方法论是一门学科健康发展的有力保障,不仅事关翻译理论研究、实践操作、人才培养、成果管理、技术研发等,还有助于推动翻译学与其他学科的跨学科深度融通,从底层逻辑打通人文科学、社会科学和自然科学的界限,翻译学的跨学科本质要求真正的跨学科和超学科理论和方法,也唯有如此才能为翻译学的创新发展提供不竭动力。在充分把握学科史发展的基础上,反思、质疑前人的研究方法进而提出修正假设,再经过理论阐释、可行性验证,才能不断完善理论,推动学科持续向前发展。

符号学被誉为人文社会科学中的数学,发挥着重要的方法论作用。皮尔斯最早提出符号学作为元科学的地位以及符号学为具体学科研究提供方法论基础的论断,莫里斯进一步明确了符号学是科学研究的元语言与元科学,是科学统一进程的重要方法论依托:"符号学是一门协调其他科学门类的科学,将事物或事物属性当作符号的功能加以研究,那么,符号学也就成为所有科学的工具,因为每一门科学都会使用符号,并以符号来呈现其研究结果。因此,元科学势必要将符号学用作一种工具。"(Morris,1938:2)斯捷潘诺夫(Степанов,2001:15)强调:"符号学路径的特点更多地体现在方法上,而不是对象上。"奈达(Nida,2001:113)在谈及翻译学研究的方法论时深刻地指出:"理解翻译过程最有影响、最关键的方法就是符号学,它把人类使用的所有符号系统当作一门学科。符号学优越于其他跨语际交际方法,它研究所有类型的符号和语码,尤其是它把人所使用的语言当作最全面、最复杂的系统。任何全面的翻译方法都不可能排除符号学,它是最根本的一门编码和解码学科。"

总而言之,翻译符号学的研究特质主要体现在以下三个方面:复杂性与跨学科性、历时描写与共时分析结合、描述与解释配合。具体而言,翻译符号学具有多学科基础,如翻译学、符号学、语言学、哲学、心理学、认知学科、文化学、伦理学等学科基础,符合翻译学多学科合作、跨学科整合发展路径的内在要求;历时描写与共时分析结合,既重视对学科史的梳理和动态发展过程的分析,又加强多维度的对比分析、模式化的方法;描述与解释配合,既注重对翻译理论的描述,又强调对翻译本质、翻译规律的探索性阐释。针对翻译符号学的三大研究特征,我们在此提出复杂方法与简单原则的辩证统一、科学推理方法、无限符号活动阐释法三种方法论。

第一节　复杂方法与简单原则的辩证统一

一、翻译的复杂性本质

瑞恰慈曾经把翻译视为宇宙中最复杂的活动之一。随着翻译活动日益复杂，翻译对象已远远超出自然语言的范畴，除了包括传统上从一种自然语言到另一种自然语言的语际翻译、不同自然语言内部的语内翻译，还涉及手语、盲文、密码、仪式、旗语、声音、光影、颜色、形状等非语言符号系统或多模态符号系统之间的转换。因此，以自然语言和文化为研究对象的传统翻译亟须更新研究理论。在这一背景下，符号学视域下的翻译研究模式逐渐兴起，翻译符号学这一新兴跨学科或交叉学科开始萌芽。翻译符号学属符号学分支学科，以符号转换为研究对象，持"翻译就是符号活动"的广义翻译观，通过深入和全面描写符号转换过程中符号载体、符号对象、符号解释项、符号主体等各种主客观要素的互动关系，探究符号转换的机制、基础、过程和结果。开放性、无限性、动态性、未完成性、可错性等是符号活动和翻译之间的共性，基于这些共性，我们可以把翻译黑匣子解释为符号活动。

为揭示和理解翻译复杂性本质，翻译符号学倾向于采用基于复杂性思维的研究方法，"翻译理论复杂的学科特点，内在地要求用复杂性思维去推进我国翻译理论的创新，从而超越传统研究的活力论、还原论以及狭隘的学科边界意识。复杂性思维将为我国译学研究的发展提供一个新的方法论视角，开创译学研究的新局面"（杜玉生、何三宁，2010：119）。我们同意这一论断，并尝试将复杂性思维范式用于探索翻译的复杂性，从而超越原文与译文、作者与译者、可译性与不可译性、直译与意译、形式与内容等一系列二元论认知模式，用复杂性思维替代简单性思维，将复杂方法与简单原则的辩证统一发展为翻译符号学的研究方法。

莫兰（Edgar Morin）（2001）质疑西方社会传统的哲学、社会学及科学观，批判其割裂和简约各门学科的简单化思维模式，从根本上违背现实的复杂性。把复杂性化约为简单性会遮蔽事物的根本性问题,会导致科学思想和人文思想的分裂。只有复杂思维范式才能融通各种知识,这是弥合人文社会科学和自然科学间隙的有益尝试。莫兰(2001:271)指出:"复杂的东西不能用一个关键词(概念)来概括,不能归结为一条规律,也不能化归为一个简单的思想。"莫兰提出了复杂性思维和复杂性理论与方法的基本依据:世界呈现为有序性和无序性的交织状态,有序性是认识的基础,无序性是创新的动力,也是世界发展的内在根源。

翻译现象无疑是复杂性的代表,翻译自身具有的跨学科本质呼唤着复杂性思维的审视和系统性观照。复杂性思维具有以下鲜明特点:非线性、系统性、过程性、动态性。这与皮尔斯的符号活动无限性、知识可错论具有一定程度的内在一致性,因此,整合复杂性思维与符号活动概念必将为翻译学研究提供一个新的可靠理论视角。翻译研究的历史和构成也呈现出复杂性、系统性,如从不同维度开展的翻译研究呈现了不同的侧面,如翻译伦理、翻译实践、翻译本体、翻译主体性、翻译功能、翻译过程、翻译意识形态、翻译技术、翻译质量、翻译方法等,它们是翻译本质的构成部分,相互之间既是互补关系,又可能存在竞争和对立关系,各种要素处于不断历时演化过程之中。

索绪尔的语言系统观旨在考察语言的本质和语言单位间的关系,所以把特定共时态语言视为全部符号事实中的一个特殊系统,这一论断对于现代语言学无疑具有重大的开创性意义,但封闭性、心理性是其显见缺点(吕红周,2010)。复杂性思维不但要从整体视角来审视和把握对象,还需秉持联系、动态、转化的原则,警惕个人中心主义、民族中心主义以及人类中心主义预设的偏见,只有充分认识人类的多样性和统一性,才会形成看待世界的正确视角,即复杂性、多元性、整体性视角。无论我们如何谨慎,我们的认识也不可避免地存在错误和幻觉,心理的不成熟、智力的有限性、范式的盲目性等都可能导致认识的不确定性,这提醒我们知识是可错的,"任何认识本身都包含着产生错误和幻觉的危险……认识是在词语、观念和理论的形式下借助语言和思想进行翻译或重构的结果,从而它也承受出错的危险。这种既作为翻译又作为重构的认识包含着解释,这把出错的风险引进了认识者的主观性、他的世界观、他的认识原则的内部……任何科学理论都不具有抵制错误的永久免疫力"（莫兰，2004：11-12），因此，我们应深刻认识知识的开放性、无限性、发展性和可错性。

二、莫兰的复杂性思想对翻译研究的启示

当前世界处于百年未有之大变局，各种思想激流动荡，变化的迅速性和不可预见性因素的增多使得我们生活的世界日益复杂，"我们对自然的看法正经历着一个根本性转变，即转向多重性、暂时性和复杂性"（普里戈金，2005：1），因此，我们必须重新思考组织知识的方式。日益精细化的学科分类曾经给我们带来了专业知识，但人文社会科学和自然科学的人为划分正在加剧知识间的鸿沟，学科壁垒逐渐将我们分离。

莫兰受联合国教科文组织可持续发展委员会的"为一个可行的未来而教育"项目委托而撰写了报告《未来教育所必需的七种知识》，指出这七种基本知识是未来处于任何社会和任何文化中的教育都不能排除的，包括：认识中的盲点、错误与幻觉；恰切的认识的原则；教授人类地位；教授地球本征；迎战不确定性；教授相互理解；人类的伦理学（莫兰，2004：6-10）。这是莫兰基于复杂性思维对人类面对未来可能的世界提出的教育设想，其中蕴含着人类命运共同体意识、可持续发展观、知识的可错性等，对我们重新审视知识、人与世界的关系具有重要的启示意义。

莫兰的《复杂性思想导论》（2008）是具有普遍意义的哲学认识论和方法论，是其复杂性思想的概论。所谓复杂性是对一元论、中心论、本质论、简单化的反拨，强调自然与文化的多中心、多元论、多样性，复杂性不能被化约为简单性，多元不能化约为一元。首先，复杂性在深刻洞察对象多样性的同时，追求多样性与统一性的统一，反对简单化方法论中的化简和割裂。莫兰提出用"宏大概念"（macro-concept）来描写和研究复杂对象，即多个不同基本概念和原理构成一个概念网络，分别揭示对象某一维度、某一层级的本质。其次，复杂性强调世界是有序性和无序性的统一。世界处于永恒发展和变化之中，是从绝对无序到绝对有序的渐进过程，有序即规则性、必然性、确定性，而无序则是不规则性、偶然性、可能性等。有序性在带来稳定性的同时抑制了新事物的出现，不利于创新性思维和创造性活动，而无序性在带来破坏性的同时也带来了创新的可能性。因此，有

序性和无序性共同决定着我们世界的发展走向。只有充分认识世界的多样性和统一性、有序性和无序性，我们才能真正做到既按规律办事，又能发挥主动性和创造性，更好地实现人与世界和谐共存。正是无序性给我们提供了创新性发展和创造性转换的条件和可能性，只有复杂性思维才能更好呈现认识的开放性、动态性、未完成性。

我们在强调复杂性的同时，并非盲目地否定简单，正如莫兰（2008：1-3）所言："复杂性亦是以简单的方式确定对象、以明确的方式指称事物，从而使我们的思想变得井然有序……一方面是对非分裂的、非隔绝的、非还原性的知识的向往，另一方面是对任何认识的非完成性和非完备性的承认，复杂性思想就是被这两方面之间的永恒的张力所驱动。"这自然是一个我们不得不承认的悖论，面对我们思想的混沌、世界的多样性、难以认识性，我们希冀以"复杂性"来一言以蔽之，从而赋予无限延异的所指一个一劳永逸的确定的能指。这并非一种自我欺骗式的满足，而是人类面对世界的一种持续努力，即区分对象语言与元语言、无序和有序、简单性和复杂性、可能性和确定性。矛盾性、对立性、模糊性和不确定性是世界存在和发展的一种恒量和常态，因为我们不可能实现对世界的全知，科学的使命也并非全知和建构绝对的秩序，而是在复杂性、无序性中逐渐寻找规律和建构秩序，从而不断澄清概念、确定信念、累积知识。

复杂性和跨学科性是翻译与生俱来的学科特质，一方面我们要采取多学科、多维度、动态化的研究方法探究翻译的诸多特征，另一方面也要采取辩证的方法，理论体系的构建同样要考虑到简化，"大道至简，分析的目的是要把复杂的事情变得简单，而不是把简单的道理变得复杂"（沈家煊，2023：14）。我们要实现把复杂变为简单的任务，除了要遵循复杂方法和简单原则的辩证统一，还要使用科学推理方法。

第二节　科学推理方法

一、怀疑与信念缺失

皮尔斯对符号学的探究和理论建构始于对笛卡儿的怀疑和批判。笛卡儿的"我思故我在"要求人们应该从普遍怀疑开始,寻找可以经得住任何形式的怀疑的信念。遵循笛卡儿的逻辑路径,一切都是可以怀疑的,只有"我在怀疑"这件事不用怀疑,遗憾的是,"我在怀疑"本身既无法通过科学论证,也无法经过实践经验检验。皮尔斯并不认同笛卡儿把科学定义为"确定和明白的知识"(Proper,1972:213),而是倾向于将科学视为遵循着正确推理方法的一种持续和积极探究。皮尔斯反对心理主义,推崇科学、实验室、实证的研究方法,从可能性、假设、想象中推导出必然性结论,最大限度地降低随意性。

当人处于怀疑和不确定状态时就会不安,这是一种信念缺失的状态,探究就是"为减缓怀疑的烦躁而做的努力"(*EP* 1.114),只有正确的探究才能帮助人们找到解决方案,从而停止怀疑,进而恢复到有信念的状态。皮尔斯持与笛卡儿相反的观点,认为人们应该从普遍信念开始。皮尔斯创造了"实效主义"①,强调自己关注的是经验和想得到的效果,并非具体的行动和实际效果,这是"一种弄清任何概念、教条、命题、词和其他符号真实意义的方法"(*CP* 5.6)。皮尔斯的实效主义是对科学领域里所运用方法的思考,源于他对实验室精神的推崇,"证实或否定那个概念所隐含的所有可以想到的实验现象"(*EP* 2.332),至此,皮尔斯明确了符号学应采用科学实验方法的立场。

皮尔斯首先分析了三种解决意见的常见方法。第一,惯常法(method of tenacity),即不顾任何相反的证据、冲突的观点、无情的事实,而坚持自己的信念。第二,权威法(method of authority),即由国家、教会、特定组织、

---

① 为了表达对于杜威、詹姆斯、席勒等对实用主义阐释的不满,皮尔斯创造了实效主义。

团体等具有统治地位或一定影响力的社会机构,把观点灌输、强加给人民大众。统治者喜欢用权威法去控制人们的思想和行为,给人们设定固定的思维模式,限定人们的思考范围,通过坚决制止不同的行为方式来维持既有的统治,任何自由都可能破坏现有秩序。第三,先验法(priori method)。在皮尔斯看来,先验法优于惯常法和权威法,因为先验法本质上是一种探究的方法。

皮尔斯充分认识到经验在人类智力中的重要作用,"经验是我们伟大的老师"(EP 2.154)。现实的情况也大致如此,如果我们不能说人是受经验控制的,至少可以说人倾向于相信经验。我们应认真对待经验,因为经验常常教育我们,事情并不总是我们想象的样子或应该的样子,但人们都希望自己的观点和意见与事实相符,有时候习惯的力量会让人坚守旧的信念,事后发现这些信念并没有可靠的根据。与任何特定信念相比,完整的信念(integrity of belief)无疑更为重要和有益。"通过寻找与理性一致的东西来解决我们的信念;也就是,我们所寻找的信念与我们其他的信念是一致的……"(瓦尔,2003:48),但先验法产生的信念具有不确定性,"今天似乎是最不可动摇的意见,明天会被发现是过时的"(CP 5.382)。"用独立于我们想法的东西来确定我们的信念"(瓦尔,2003:49),因为经验常常会背叛我们,将我们引向错误的方向。

日常思维模式下,我们会看到和识别不同颜色的东西,如白云、蓝天、绿水、青山等,我们看到的是事物外显的颜色,但我们不会看到颜色的品质或属性,获得这一认知需要逻辑反思。"怀疑是一种痛苦和不满的状态,我们挣扎着要摆脱它并进入有信念的状态,信念是一种稳定和满足状态"(Peirce,1877:5),信念引导愿望并塑造我们的行为。人的行为都会伴随着不同程度的信念,"相信是或多或少的确定,在我们的天性中已经建立了一些习惯,这些习惯将决定我们的行为"(Peirce,1877:4),我们倾向于去采用我们所相信的方法,这是一种自然状态下的正常过程或反应,皮尔斯称之为先验法。只有残酷的事实或现实可以消解和制止人们已有的根深蒂固的先验或先入为主的倾向。

为了达到有信念的状态,人往往采用探究的方法,而探究的唯一目的就是解决问题、消除怀疑。思维的有限性就在于我们永远不会也无法将我们知识范围以外的东西作为我们的探究对象,因为它们不会影响我们的意识,也就不会激发我们探究的动机。我们倾向于固执地认为,我们的每一个信念都是真的,而且我们为之追求和奉献的事业具有真理的属性,从这一意义上讲,信念体现着习惯的本质。人根据特定前提所做出的特定推理是因为存在着深层的机制,即意识习惯,这是一个从一级范畴的本能经过二级范畴的经验再到三级范畴的习惯的动态过程。

二、确定信念的方法

皮尔斯发展的是一门科学符号学,他想通过符号学的术语体系重构我们的认识论和方法论,最终重构人类的知识体系,所以皮尔斯把符号学视为一门基础性科学,符号学借助现象学和数学发展科学知识,澄清概念、坚定信念、消除人们不断产生的怀疑,使人们能处于一种有信念的满足状态。理论上,通过无限的符号活动和符号生长,整个宇宙将充满符号,符号活动的终极目标必将实现,即达到最后的意见或真理。

在《确定信念》一文中,皮尔斯主要论述了传统上常见的解决意见的方法,即惯常法、权威法、先验法的不足,进而指出逻辑推理才是唯一的科学方法。皮尔斯通过三级普遍范畴(即一级范畴、二级范畴和三级范畴)来建构知识体系,通过具有可错论性质的科学推理方法(归纳、演绎和溯因)来确定信念,通过符号活动的无限衍义去追求形成中的真理。

皮尔斯在《澄清概念》一文中指出:"我们认为,概念是可能的效果和实际关系。这些效果和实际关系构成我们对概念的全部认知。"(EP 1. 132)从这里我们可以窥探皮尔斯遵循的实效主义准则,也就是说任何概念,除了指我们所能想到的那个概念所具有的实际效果的整体以外,什么也不是。

由于惯常法、权威法、先验法都无法产生确定的信念,于是,皮尔斯提出了第四种方法——科学推理方法,即所有人都将达到一致的最终结论(Peirce,1877:10),"科学推理方法的中心是这样一个信念,存在着独立于你、我或任何特殊团体所认为它们是什么的事物"(瓦尔,2003:51)。皮尔斯假设,存在着完全独立于人们观点的真实事物,它们通过常规影响我们的感知,但因我们与对象关系的差异而存在着不同的感知。根据感知规则,我们通过推理来判断事物的真实性,任何具有足够经验和理性的人都可获得这一真正的结论。每个人都使用科学法去处理大量事物,只有不知如何使用科学方法时才会停下来。

人类知识的元语言不是自然语言,而是符号学。演绎是从整体到部分,从一般到个别,是规则的解释,属于分析型推理,得出事情"一定是"的结论。与之相对,"归纳和溯因是从部分推导整体,它们都无法保证必然性,也不能得出可信的真实性"(格雷,2019:53)。不过归纳和溯因也不完全相同,归纳得出事情"原来是"的结论,溯因得出事情"可能是"的结论。虽然溯因推理不确定性最高,但其优点在于引进了可能性,这是创新性的起点。皮尔斯反对独断论者和怀疑论者,但提倡可错论,认为科学不是链条式的存在而是不断编织的麻绳,部分的错误不影响整个科学的总体走向。

皮尔斯的研究计划是要把所有学科、整个人类思维都纳入他的理论范围,他的实效论基于实验室数据和科学实证,吸收了可错论、进化论、科学形而上学等动态思想去探求意义和真理,皮尔斯称之为终极共同体。皮尔斯通过科学方法获得"最后的意见"或真理的观点遭到了一些人的批评,他们认为永远不会达到"最后的意见"。"而在实际上达成一个最后的意见不是必要的。但如果我们的探究无限进行下去,那么,最终可以达成最后的意见。"(瓦尔,2003:58)无限符号活动是达成"最后的意见"或真理的方法,也是翻译符号学方法论的重要组成部分,我们称之为无限符号活动阐释法。

第三节　无限符号活动阐释法

1907 年,皮尔斯将"符号活动"一词引入符号学,该词源于古希腊语sémeiösis,指符号的意指(signification)过程。符号活动是由符号载体、对象和解释项构成的不可化约的三位一体,是对象决定符号载体并生成解释项的符号生长过程,符号活动的结果是符号载体成为一个发展了的符号、一个更加发达的符号、一个真正的符号。在皮尔斯关于符号学的设想中,符号活动不仅存在于文化中,也存在于自然中,符号活动是理解人类文化、社会以及有机自然和无机自然的重要概念。

符号活动是翻译符号学的核心概念,既是理论基础,也是方法论构成部分。下面,我们集中分析与符号活动密切相关的概念:符号生长、十类符号与十级意义假设、符际翻译模型。

一、符号活动

"符号活动"(semiosis)在《皮尔斯文集》(1—8卷)(*The Collected Papers of Charles Sanders Peirce*, Ⅰ—ⅡⅩ)共出现 8 次,semioses 出现 1 次。皮尔斯认为:符号学是研究符号活动的本质和基础类型的学说(*CP 5. 488*)。

"关于符号活动,我指的是一个过程或影响,它是一个或包含三个要素的协作,是符号载体、对象、解释项构成的三位一体,在任何情况下这三方面互相影响且不可化约为二元关系。在古罗马时期的希腊语中,早在西塞罗时期,如果我记得没错,sémeiösis 指几乎所有符号的过程;我将所有这样发挥作用的事物称为符号。"(*CP 5. 484*)

莫里斯认为,符号活动分为三维度和四要素,即符构、符义和符效三维度(Morris,1938:6),以及符号载体、所指、解释项、解释者四要素。不同于皮尔斯对符号的三位一体定义,莫里斯明确指出解释者是符号活动不可或缺的构成部分。"符号活动是某物被用作符号的过程……是某种调控性阐释过程"(Morris,1938:4),"这一过程源于古希腊传统,一直被普遍认为涉及三(或四)个因素,即用作一个符号之物、该符号指称的对象,以及解释者当作符号之物对其产生的效用。符号活动中的这三个要件可分别被称为符号载体(sign vehicle)、符号所指(designatum)和解释项(interpretant),其中解释者可视为第四个因素"(Morris,1938:4),"符号活动是一个符号指称过程,即某物被用作指称某一有机体的符号"(Morris,1971:366)。莫里斯的符号四要素观体现了人类中心主义倾向,直接导致符号活动的范围小于皮尔斯对符号活动的设定。皮尔斯的符号可以存在于没有人类甚至没有生物的宇宙空间中,如夜空中的流星。

1963 年,西比奥克(Sebeok,1963:457)首次提出并界定了"动物符号活动"(zoösemiosis),认为这是动物与人类所共有的感知符号活动,但只有人类可被称为符号动物,因为人类不但意识到符号的存在,还能有意识地使用符号来实现和表达自己的意图,并反思自己的行为,而其他动物在生命的系列活动中虽然使用符号来完成某些意图,但这是一种无意识行为。由于生存环境不同,不同动物形成和发展了物种特有的符号模态,如弗里希(von Frisch,1950)为蜜蜂的研究提供了动物符号学研究的样例。1981年,西比奥克首次提出"植物符号学"(phytosemiotics),克兰佩恩(Martin Krampen)及其同事的植物符号学和植物符号活动研究占据重要位置。西比奥克(Sebeok,1977:182-183)对符号活动的范围给出了界定——"符号活动是自然和文化的普遍事实",进而在索绪尔语言传统、洛特曼文化倾向的符号学研究基础上,将符号学的研究范围进一步拓展到自然领域,超越了语言中心主义和人类中心主义。

格雷明确提出了符号活动与翻译的关系,"符号活动的逻辑含义应当成为翻译的范式,翻译应作为符号活动的说明例证"(Gorlée,1994:226-227)。翻译是从虚拟正向符号活动到逆向符号活动,以另外的符号文本呈现原符号文本的双重符号活动或翻译符号活动。正向符号活动即符号→对象→解释项的解码过程,逆向符号活动则是解释项→对象→符号的编码过程。需要注意的是,翻译不是静态的,而是一个动态的、临时的、无限的过程。

斯泰科尼(Stecconi,2004)根据皮尔斯的一级范畴、二级范畴、三级范畴的概念,提出基础(foundation)、事件(event)、概念(concept)的概念,揭示了翻译过程的深化路径:从可能性到现实性再到普遍性,"所有的翻译均是符号活动,但并非所有的符号活动都是翻译……符号活动不只是翻译符号活动"(Stecconi,2004:471-473)。

托里斯-马丁内斯(Torres-Martínez,2015)提出了"符号活动翻译"(semiosic translation),该概念具有以下特征。第一,符号活动翻译的外延要比格雷的符号翻译更广。符号活动翻译即符号系统间的转换,一切符号转换都是翻译,因此符号活动翻译不需要人的参与亦可存在,在这一意义上,超出了人类中心主义。第二,符号活动翻译将雅各布森提出的三类翻译类型理论均视为翻译本体研究。第三,符号活动翻译强调译者的"作者"身份,即翻译过程的主体性要素。由此,马丁内斯得出符号活动翻译的三种类型:转喻翻译,通过不同符号系统传达符号的感染力;指示翻译,挖掘用作解释的符号和被解释符号间的联结,如因果关系、相似性等;动态非连续性翻译,这是符号离散性的必然结果。

迪利(Deely,2018:31)认为:"与人类符号活动一样,动物符号活动构成一系列微观宇宙和物种特有的客观世界,每一个都参与了物理互动过程以及物种内部和物种间客观互动的符号活动。所有的形式一起构成一个不可化约的符号学关系网,其中有客观物理关系,也有不同形式的纯粹客观关系。"

国内学者对术语 semiosis 提供了不同的汉译,主要有"符号活动"(如余红兵,2014)、"符指过程"(如贾洪伟,2016a)等。semiosic 是 semiosis 的形容词形式,如 semiosic translation 汉译为"符号活动翻译",semiosic activity 汉译为"符号活动行为"。翻译活动体现为符号转换,学界关于语言符号之间、语言符号与非语言符号之间的互动与转换问题已有不少研究(Gorlée,1994;陈宏薇,1996a;蔡新乐,2000,2008;李明,2000;黄忠廉、李正林,2015;陈吉荣,2017;贾洪伟,2018a,2019a;冯全功,2022;吕红周,2022;等)。

二、符号生长

皮尔斯的符号对象和解释项之间是一种间接联结关系,对象通过符号载体来决定解释项,所以,符号载体和解释项与对象之间都可能是多对一的关系,即在理论上,一个对象可以经过无限符号活动之后得到无数个解释项,直到到达最终解释项即真理。

在无限符号活动过程中,随着新解释项的不断出现,关于对象的知识积累就越多,这是符号增长过程,如图 5-1 所示,即同一个对象通过不同符号载体的表征而得出不同解释项。可见,符号生长是符号活动的必然产物,符号生长是不同时期、不同地域、不同群体的人们所积累的与该符号紧密相关的生活经验、对世界的认知、情感倾向等,符号生长会持续丰富符号的意指内容。

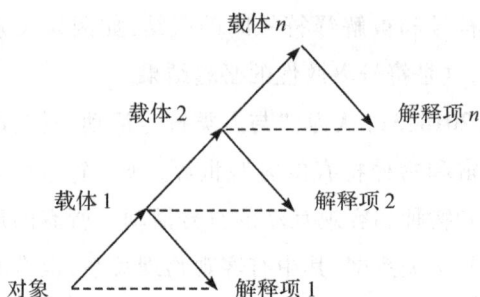

图 5-1　符号生长

三、十类符号与十级意义假设

　　按照皮尔斯的符号观,任何符号都是由载体、对象、解释项构成的不可化约的三位一体关系,根据符号自身的品质得到质符、单符、型符,根据符号与对象的关系得到象似符、指示符、象征符,根据符号与解释项的关系得到呈符、述符、论符,它们之间通过组合交叉理论上可得到 27 种复杂符号类型,经过分析,排除不可能项,最终得到十类符号。梅里尔(Merrell,1996:8)描述了这十类符号的相互关系,如图 5-2 所示。

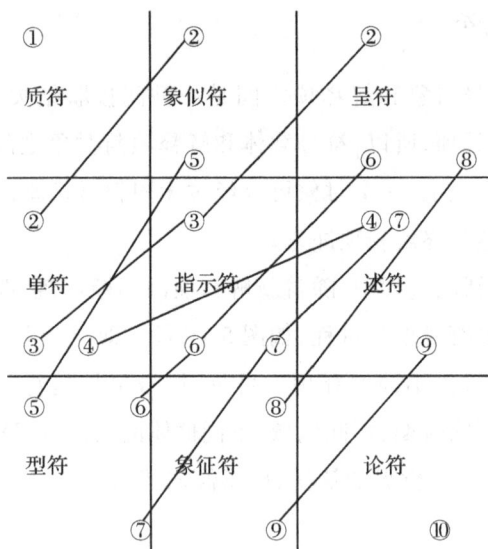

图 5-2　梅里尔对十类符号的研究

　　此十类符号"不仅是符号分类,而且是符号解释复杂化的'十进阶',

为了说明这是符号的复杂性递增"（赵毅衡，2023：11）。哈克尼斯（N. Harkness，2022）认为符号十分类代表着人类从感觉到理性发展的十个阶段。赵毅衡则首次以艺术（美术、音乐、舞蹈、诗歌）来举例阐释符号的十类组合，如表5-1所示，呈现从感觉到理性的不断复杂化过程，这也是意义从潜在的可能性到现实性再到规则性的不断深化、丰富和累积过程，无疑适用于对翻译过程的解读。不同时期、不同地域、不同读者对原文的认知和识解皆可对应符号十分类中的一种，决定认知层次的因素有很多，如生活经历、教育背景、百科知识、情绪、目的、信仰等，以及每一个人因异化劳动导致生活完整性以及生命深度的差异。

表5-1　赵毅衡（2023：12-13）①将十类符号用于艺术研究

十类组合：解释项—对象—载体	皮尔斯举例	美术	音乐	舞蹈	诗歌
呈符—象似符—质符	红色的质	一团色彩	一拨弦	身体一动	一个字素（音素或写素）
呈符—象似符—单符	图表的一元素	一抹笔触	一个有音差的音组	一个身姿	一个独立的词
呈符—指示符—单符	自发的一声叫喊	一笔显示笔锋	一个连音	一个单独的步子	一个有节律的词
述符—指示符—单符	风向标	有浓淡对比的色彩	一个起伏的乐音组	连续的姿势	一个有节律的词组
呈符—象似符—型符	脱离内容的图表	一组块面	一个乐句	一个舞步	一个意义连缀
呈符—指示符—型符	指示代词	组成轮廓透视的块面	一个音段	一组连续的舞步	一行诗
述符—指示符—型符	交通灯、指令	一个对象的图像	一段表现的旋律	一段有表现力的舞	一段有内容的诗
呈符—象征符—型符	普通名词	一幅有对象的画	一段描述的音乐	一段模仿动物的舞	一段描述场景的诗
述符—象征符—型符	命题	一幅描绘场面的画	一段有结构的音乐	一段有主题的舞蹈	一首主题完整的诗
论符—象征符—型符	三段论推理	一幅有主题的画	一首结构完整的音乐	一出情节完整的舞剧	表述一个思想的诗

我们假设一级符号和十级符号分别占据不可译性和可译性的两极，

———————————————

① 为与本书术语统一，表中术语略有改动。

从一级符号到十级符号,其意义变得越发丰富,可译性就越强。赵毅衡把皮尔斯符号十级分类用于分析艺术从简单到复杂的演变进程,这为翻译意义等级划分提供了重要启示。翻译符号学把翻译视为符号转换,译者因诸多因素限制,对源语符号所处层级的把握和识解出现差异,由此也导致了转换后符号意义的层级性差异。如表5-2所示。

表5-2　十类符号的意义层级假设与对应范畴

十类组合 解释项—对象—载体	皮尔斯举例	意义的 层级	范畴
呈符—象似符—质符	红色的质	一级	一级范畴
呈符—象似符—单符	图表的一元素	二级	一级范畴和二级范畴混合物
呈符—指示符—单符	自发的一声叫喊	三级	一级范畴和二级范畴混合物
述符—指示符—单符	风向标	四级	二级范畴
呈符—象似符—型符	脱离内容的图表	五级	一级范畴和三级范畴混合物
呈符—指示符—型符	指示代词	六级	一级范畴、二级范畴和三级范畴混合物
述符—指示符—型符	交通灯、指令	七级	二级范畴和三级范畴混合物
呈符—象征符—型符	普通名词	八级	一级范畴和三级范畴混合物
述符—象征符—型符	命题	九级	二级范畴和三级范畴混合物
论符—象征符—型符	三段论推理	十级	三级范畴

呈符—象似符—质符为一级意义,对应一级范畴。此时符号严格意义上说还不是真正的符号,只是一种潜在的符号或可能的符号,处于感觉、噪音、无意识阶段,皮尔斯称之为感觉质。它们已经被解释者注意到并发现它们成为符号的可能性。这里"红色的质"还不是红色,还没有被纳入光谱中与其他颜色对比,此时它只是成为红色之前的一种品质。"人不能思考一个一级范畴"(格雷,2019:51),一级范畴是先于任何思维形式的整体。

呈符—象似符—单符为二级意义,对应一级范畴和二级范畴混合物。"图表的一元素"可指一个箭头,初具符号形态,但尚没有获得独立意义。

呈符—指示符—单符为三级意义,对应一级范畴和二级范畴混合物。此时符号以自身符号品质为基础,与对象建立了某种联结,具有指示意义的作用,但因意义的模糊性,还没有成为一个可以具体使用的单符。"自发的一声叫喊"只是一种不确定的意义。

述符—指示符—单符为四级意义,对应二级范畴。"风向标"指示方向,意指载体和对象间的自然因果关系,但具体意义仍不明确,如果不参照指南针,就不能确定风向标指示的具体是哪个方向。

呈符—象似符—型符为五级意义,对应一级范畴和三级范畴混合物。从单个符号来看,呈符属一级范畴,象似符属一级范畴,型符属三级范畴。"脱离内容的图表"就是去除了文字、数字、字母等内容的图表,这样就无法再现对象。

呈符—指示符—型符为六级意义,对应一级范畴、二级范畴和三级范畴混合物。"指示代词"的对象需要通过语境来确定,虽然没有明确对象,但已经约定了使用的规则,即说话人即为"我"。此时符号的品质特征已经退居次要位置,相应的表示三级范畴的规则发挥主要作用。

述符—指示符—型符为七级意义,对应二级范畴和三级范畴混合物。此时符号已经同时具有了指示性、叙事性和规则性。"交通信号灯"不是事物自然品质的呈现,而是一种基于人为规则的呈现,且意指明确的指示意义。红色不是交通灯自身的颜色,红色与指令"停"是一种对等关系。

呈符—象征符—型符为八级意义,对应一级范畴和三级范畴混合物。"普通名词"与其所指之间是一种任意性关系,它们之间不存在理据,是一种约定俗成,抑或是,最初的理据随着时间流逝而被遗忘。

述符—象征符—型符为九级意义,对应二级范畴和三级范畴混合物。"命题"具有完整述谓结构,可以陈述清晰的意义,此时的符号是一个可以充分表意的符号。

论符—象征符—型符为十级意义,对应三级范畴。"三段论推理"不但具有命题的表意能力,而且提供自证真实的条件,此时的符号包含了内在逻辑过程,证明自己是传达真实意义的符号。

至此,我们基于皮尔斯的十类符号提出了十级意义假设,并尝试在它们之间建立联系,即十类符号对应意义的十个层级,呈现意义从纯粹一级范畴到纯粹三级范畴的不断复杂化、层级化的发展路径。我们假设:符号的十类划分与意义的层级具有对应关系,从纯粹感觉质到一个最高级的符号是意义层层推进的过程,也是符号从具有潜在的表意特质到能够自证真理的不断发展和完善。"显然这十类符号与携带意义能力的关系层层推进,完全是以符号逻辑为基本模式的,应用于各种文化体裁时,情况很不同"(赵毅衡,2023:17),所以,要实现符号转换前后的对等需要准确识别符号级别,目前这仅停留在理论思辨阶段,尚不具备现实的可操作性。该划分的积极意义在于,一方面为我们提供了翻译对等无法实现的理论解释,另一方面也提供了从不可译性到可译性两极滑动的依据,即一级符号为不可译性,十级符号为可译性,从一级符号到十级符号意义逐渐增加、丰富,每一级符号的意义可以是多维度、多层级的。

四、符际翻译模型

我们在此尝试使用皮尔斯符号学相关概念——共同心灵、直接对象、动态对象、十类符号、归纳、演绎、溯因、直接解释项、动态解释项、最终解释项等建构符际翻译模型,呈现符号活动的展开过程,如图5-3所示。

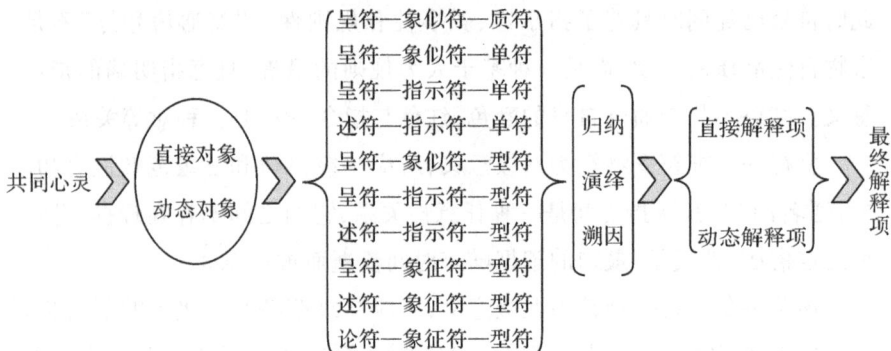

图 5-3　符际翻译模型

我们对以上符际翻译模型展开进一步解释。

第一,关于符际翻译的起源或驱动力。符号文本不是自我翻译,也不由译者完全主导,那么是谁或什么力量主导着翻译,从一个符号转换为另一个符号? 皮尔斯将之称为共同心灵(commens),罗宾逊(Douglas Robinson)(2016:49)认为是群体共同符指过程(icosis),是主体性因素(译者意图、出版商、翻译策略等)、非主体性因素(民族共同体意识、社会共相、认知规律等)、规则性因素(语言文化间的对应性等)、创新性因素(个人情感等)的综合体。

第二,符号载体只有经过符号活动才能成为一个真正的符号、一个发展了的符号、一个更加发达的符号。阐释的过程会导致符号生长,从而创造新的意义,并随着意义的累积而出现意义的层级化。因此,阐释是一个真正符号的必要成分,没有阐释就不会有解释项,停留在二级范畴的指示符就没有传达或没有倾向于传达意指。从符号载体到解释项的过程在翻译研究中被称为黑匣子,皮尔斯认为黑匣子中是人类的推理,即溯因、归纳和演绎,这提供了解释黑匣子的有效路径。通过溯因得到可能性事实,归纳把可能性转换为一般性,演绎把一般转换为特殊,如果这一推理得出的是正确的规则,那么,归纳就为演绎奠定了基础。当然存在误导的可能,那么,归纳得出的规则就无法进一步实例化,不能应用于特殊的规则,就是错误的。

第三,按照皮尔斯无限符号活动的设想,最终解释项只是一个方向,我们永远无法到达,只能无限趋近,因为一旦到达,符号活动便宣告结束,这样,无限符号活动就不复存在。所以,我们同意格雷(2019:77)的观点:"为了给符号生命提供全新之论据,符号活动是且一定是持续的、目标趋向的开放性阐释过程。"所以,现实的情况应该是直接解释项和动态解释项经过溯因、归纳和演绎之后又重新进入了下一轮的符号活动,重新寻找符号载体,再生成新一轮的解释项,以此类推,"符号活动序列是无穷尽的,就像阿喀琉斯无法超越乌龟一样"(MS 599.31)。皮尔斯把符号活动视为"人类灵魂的行为模式"(CP 6.144),因此,符号活动的停止意味着人类灵魂将无处安放。

第四,关于符号主体。皮尔斯的符号活动是载体、对象、解释项的三元关系,但符号活动发生在准个体(可能是人、可能是动物、可能是 AI 智能体)中,符号主体分为准发话人和准解释者。需要指出,有些情况下没有符号发出者,如自然指示符、病症。没有符号发送者的情况,一定存在符号解释者。阐释是潜在符号成为符号的前提,只有经阐释,符号才能被真正地理解。在翻译活动中,译者发出者和译者解释者二者合一。人的作用被降低,符号的运行机制是符号活动,符号是在思维中展开的,人只不过是思维的容器或携带者。我们也可以把人理解为一个符号,它自身经历着思想的变化、生长,从一级范畴符号成长为二级范畴符号再到三级范畴符号,这是一种不可逆的自组织成长。皮尔斯符号生长理论受到进化论的影响,他把神人协作视为进化论的原则,这也是思维连续性的原因。

第六章

翻译符号学的认识论研究

科学的世界观基于辩证唯物主义自然观、历史观和认识论,研究和揭示自然界、人类社会以及认识的一般规律。认识论是关于认识的哲学理论,但关于认识的理论可以不属于哲学,如关于人内在世界知识的心理学属于实证科学,关于世界本原的认识属于本体论,而非认识论。我们不应混淆"认识"和"知识",因为从逻辑顺序上讲,知识是认识的结果,在这一意义上看,知识只能算是认识的一部分。

虽然关于认识的研究早已有之,但直到康德才明确提出了"认识论"这一概念或术语。认识论即个体的知识观,也即个体对知识和知识获得所持有的信念,主要包括有关知识结构和知识本质的信念和有关知识来源和知识判断的信念,以及这些信念在个体知识建构和知识获得过程的调节和影响作用。长久以来,知识论一直是哲学研究的核心问题。

西方哲学从古希腊的本体论(世界的本源)发展到近代的认识论(人是如何认识世界的),从不同视角出发审视符号世界,并由此形成了不同的流派,如以乌克斯库尔为代表的生物符号学、索绪尔为代表的结构主义符号学、皮尔斯为代表的哲学符号学、卡西尔为代表的象征符号学和洛特曼为代表的文化符号学等。符号世界的发现给人类带来了困惑,因为客观世界只有通过符号才能为人所认识,客观世界只能表现为符号世界,这样一来,符号世界就成为人与客观世界的唯一中介,人只能通过符号世界来认识客观世界。换句话说，所谓的客观世界只不过是符号化的世界，"人类的认识史就表现为沿着一种符号世界的深入和从一个符号系统到另一个符号系统的替换"（张法，2001:31）。自然世界的符号化不但积累了知识，还给我们带来了多样性的文化和不同的文明形态，"符号世界不是客观世界，这正是人认识到自己所在的符号世界的局限性的基础"（张法，2001:32）。

基于皮尔斯符号学，我们从以下三个方面分析翻译符号学的认识论，即知识的生产方式——符号活动、知识的存在方式——可错论、知识的理解方式——间性。

第一节　知识的生产方式——符号活动

符号使人得以深入到意义之中，人对事物的符号化理解形成了知识，是进一步文化积累的前提。人对客观世界的把握与认识总是在途中，总是不完善的、暂时的、动态的。符号学正是在这种动态的过程中揭示研究对象的本质，提供认知事物的最佳方式，而这正是符号学方法论解释力的彰显。

一、人是符号动物

卡西尔（2004:37）把人定义为符号动物，符号活动成为生命的本质特征，人类的文明史就是符号活动的进化史。人不是唯一的符号动物，但只有人能够通过符号化思维和符号化行为不断创造和积累文化财富，这是因为人是宇宙中唯一能意识到自己的符号行为并有意识地反思自己的行为和遵循伦理道德的动物。彼得里利（Petrilli，2004）提出应发展一门伦理符号学，倡导符号学除了要研究对象的真，还应探究符号主体的价值倾向和伦理规范，人要从符号动物发展为符号伦理动物，对世界的存在与发展负有责任。

意义的退场与虚无为符号的在场提供了空间，符号指向的是缺场的意义，而意义则是对符号的解释，任何意义必须以符号为载体才能被表达和再现。休谟曾经说过，没有哪个具有反思力的人会怀疑我们所考虑、所说的各种存在，当我们在说"这座房子""那棵树"的时候，我们所说的只不过是人脑中的感觉认识。人类的这种感觉认识是在概念的参与下形成的，我们对客体的经验通过化约为符号而得到表征。符号意义的解释是一个开放的过程，对任何一个符号的阐释必然产生另一个新的符号，如此反复以至无穷，因此，在理论上"一个符号的无限衍义，最后可能延及整个文化"（赵毅衡，2011：108）。

符号是能传递一种不同于自身信息的物质载体，符号的价值在于传递或创作信息、阐释意义，每一个信息都是由符号构成的，因此，符号学研究那些作为一切符号基础的一般原则，研究它们在信息中的应用，研究各种各样符号系统的特殊价值，以及使用那些不同种类符号的各种信息的特殊性。人类的所有活动都是一种符号化的思维和行为，人在符号化的行为中建构着知识和文化，建构着符号化的社会，"符号体系能显示、编码或者反映自然语言和思想的深层结构，也就能展示由语言和思想所再现的客观世界的深层结构"（冯光武，2012：3）。人生活在符号的世界中，一切意义都隐藏在符号之后，文化当然也不例外。语言是一种社会性存在，人类通过语言交际协调成为社会，"在交往行为中，解释工作是协作过程的基础，也是协调行为的机制，交往行为并非源于通过解释而实现的沟通活动"（哈贝马斯，2004：101）。

当人从自然物质的存在性中抽离出来，作为一种符号关系存在的时候，也就是与其具体可触的所指事物之间的外在联系被中断以后，我们才能看到语言神秘和神圣的一面，发现符号与自然的同源性关联。科技进步促进了人类社会的发展，已经完全改变了面对面社会交际与互动行为的形式，手机、网络极大地压缩了空间给人们设立的隔阂，减少了时间对人的限制，符号成为人们跨越国家与文化边界开展交流活动的载体。

我们建构的每一个信息都是基于符号的，每一个符号都与其他的符号相联系，其核心是人类精神的普遍机制或无意识，人类正是以符号建构或重构世界的。各种符号系统有着内在的统一性和连续性，这样，不同语言之间的意义交际和转换才成为可能。人对符号的依赖超过了以往任何时候，人生活在符号宇宙中，"符号化的思维与符号化的行动是人类生活中最具代表性的特征,并且人类文化的全部发展都依赖于这些条件"(卡西尔,2004:35)。符号系统的功能性被卡西尔发展到了极致,从此人类面对的是一个全新的符号世界,"它既是显示世界意义的媒介,又是对世界的一种能动的再解释,也即对世界意义的新发现"(林信华,2011:209)。

二、符号是世界意义化的方式

概念在人与世界的关系中无疑占有重要位置,因为"作为主体的人既要以概念的方式去把握、描述、解释和反思人与世界及其相互关系,又要以概念的方式去建构关于世界的规律性图景以及对世界的理想性、目的性要求"(孙正聿,2004:92)。人通过符号把握意义,"符号化的过程把一切都融入自身,符号化的根本是意义,世界因为符号化而从自然世界进入了意义世界,进入了可以被人理解和言说的世界。自然因为具有意义而被人感知、探索,意义是符号的本性所在"(吕红周,2012:44)。人对世界的认识和理解是人作为认识主体和实践主体对世界概念化的结果,人对世界的占有除了表象上的吃、喝关系,更主要和更内在的是以概念方式在思想中对世界进行占有和支配,并在这种占有与支配中体现和表征着人的这一主体位置,构成了与世界客体的对立与统一。人总是以一种物质的外观示人,即从感性层次来看,人是一种表象的客观存在,但是,从理性的层次来看,人又是一种概念性的存在,这才是人的本质所在。

世界经过符号化之后进入人类可以理解的意义世界,这区别于动物对世界的感知。理解不仅是人类存在的基本特征,还是人类历史生活的基本特征,"它要求与表达的主体建立起一种主体间性的关系……意义理解是一种交往经验……理解任何一种符号表达,基本上都要求参与到一个沟通过程中去"(哈贝马斯,2004:112)。这样,人在对世界的实践活动中便存在着两种形式,首先是人从表象的层面借助自己的感官在人的意识中形成了关于世界、关于人与世界关系的感觉经验。其次,人通过理性思维经过抽象和概括去发现和把握世界的本质或规律。

人是有意识地使用符号的动物,各种符号系统的叠合与交叉形成了世界,世界就是超主观性的、不可化约的符号之网,作为根本现实的关系使人对客体的经验和理解成为可能。符号主体的意图、目的需要通过交

第六章　翻译符号学的认识论研究

际行为来实现,交际的效果取决于受话者对编码的最大关联程度上的解码,即言说主体与受话主体间的动态协调过程。言说者与受话者处于平等的地位,主体与主体间以符号为连接纽带,以交际活动为润滑剂建构着社会的意识形态,"一切意识形态的东西都有意义:它代表、表现、替代着它之外存在着的某个东西,也就是说,它是一个符号"(巴赫金,1998:349)。

人类语言诞生以后,便毫无争议地成为人类最强大的工具,借此人类开始以主体的身份生活在世界之中,但却通过语言符号对世界的建构思考生活之外的世界。人所使用的语言和符号都是人不可分割的部分,任何思想都是符号的事实证明人本身就是一个符号,在这个符号浸润的时代,符号意义的多元化蔓延之势已无法阻挡,人类在对自我价值、生存意义的无限追问之中终将目光投向符号的主体。不管语言是人类存在的家园还是人类最后的家园,符号学都将帮助我们在一个失去了方向的世界中重新找到一个方向,我们唯有把握语言符号主体的运行轨迹,才能把意义的追寻尽量推向远方。

第二节　知识的存在方式——可错论

一、福柯的《知识考古学》

人类最初多依靠二元对立的概念以体认的方式认识世界,我们现行知识体系中依然有许多二元对立的概念,如黑与白、好与坏、美与丑、冷与热、高与矮、胖与瘦、远与近、男与女等。这些非此即彼的概念具有直观性和易操作性,但其不足之处也很明显,二元对立无法胜任对复杂概念的细致分析和对动态事物的准确把握。世界不是离散的,而是连续的,从冷到热、从黑到白是一个渐进的过程,因此,人们逐渐发展起来了相对主义和多元主义的认知方法,并且能接受事物的变化和发展,所以得出"唯一不变的就是变化"这样的朴素认知。

20 世纪 70 年代以来,学者们从不同视角、运用不同方法展开了关于知识和知识获得的信念的研究,涉及知识结构、知识本质、知识来源、知识判断以及这些信念对个体知识获得的影响等。这种以个体知识获得的动态发展过程为对象的研究被称为个人认识论研究。个体对知识所持的信念类型大致可分为绝对主义、怀疑主义和相对主义;绝对主义者相信权威,相对主义者则持多元主义立场,并不唯权威论;怀疑主义者则持知识的动态发展观,承认并能接受真理是可以不断修正的。

人开展探究和学习出于多种原因,如怀疑、已有制度或秩序遭到破坏、新事物的出现、不明对象引发的困惑等,以及随时可能会出现的不确定性要素。巴特死后,其密友瓦尔选编其生前主要著作,将其命名为《符号学历险》,开宗明义地指出所谓历险是指对传统、权威、既成规则的背离与偏离,这是精神创造与思维创新的内在需要。福柯(Michel Foucault)在《知识考古学》中通过对临床医学、博物学、政治经济学的话语概念、形成、表达的考察得出结论:话语单位具有离散性,如空白、断裂、混杂、重叠、排他、替换、转换等,"正像我们不能把对象的形成归结于词与物;把陈述的形成归结于认识的纯粹形式和心理主体;把概念的形成归结于理想性结构和思想的连续性一样,我们也不应该把理论选择的形成归结于某个基本计划,或意见的次要作用"(福柯,2003:76)。

英国人琼斯(William Jones)在历史比较语言学框架下提出了语系的概念,类比生物学亲属关系,认为我们现在的语言是从祖语演化而来,语系、语族、语支、语种和方言从大到小排列为:语系→语族→语支→语种→方言。根据美国暑期语言学院(Summer Language Institute)的分类,世界存在141个语系、7099个语种,更有数不尽的话语对象、陈述行为、概念、策略。如此庞大复杂的表象之下,不同的语言是如何有序展开和运行的?交流何以可能? 这些成分或单位是如何提取出来的,又是如何形成序列来表意、被理解的?

如果话语是人类意义的单位,"单位存在于能够产生并支配成分的形成的序列之内"(福柯,2003:77),那么可以得出结论:"陈述的界限可能就是符号存在的界限"(福柯,2003:91)。陈述作为话语的单位是由符号来表征的,"我们将把这一符号整体所特有的存在方式称为陈述:这种存在方式使陈述有别于一系列的痕迹,有别于某个实体上的一连串记号,有别于人为的任意一样东西;这种方式使陈述同某一对象的范围发生关系,使它为每一个可能的主体保留一个确定的位置,使它置于其他的词语性能之中,总之,它被赋予某种可重复的物质性"(福柯,2003:117)。福柯又进一步阐释了陈述概念与语法学的句子、语言哲学的言语行为之间的区别与联系,陈述是语言存在的功能,即已经完成的陈述和将来可能出现的陈述都要求语言的存在。但需要指出,语言和陈述并非属于同一层次,人类的7000多种语言并非都一一对应着专属自己的陈述。"陈述本身不是一个单位,而是一种功能……是一种从属于符号的功能"(福柯,2003:94),我们所理解的所谓意义,只不过是基于陈述的符号功能的分析结果。

陈述不同于符号意指,如我们常见的独词句"彩虹!",它是陈述,而字典中的词"彩虹"是一个具有意指的符号,陈述具有真假之分,而符号意指无所谓真,也不存在假。陈述的内容也不同于句子的意义,或者说两者并非完全重叠的关系。从福柯的"陈述"概念看翻译,源语文本和译入语文本是两个不同的陈述还是同一个陈述?我们能否认为两种语言的文本具有同一性?陈述是否像符号一样具有物质性?不同的主体是否可以构成一个陈述?同一个主体在不同的时间、空间、语境中说出同样一句话,是不是同一个陈述?一本书多次再版或经由不同的出版社再版,虽然在时间、空间、排版、字体、字号等物质属性上发生了变化,但其重复的是书中已有的或可能有的东西,因此陈述的同一性并未发生改变。不同的媒介或符号载体也不会改变陈述的同一性,如纸质书、电子书、书的手稿、有声书都具有相同的陈述。

借助福柯的陈述概念,我们或许可以得出可译性的结论,因为尽管不同语言间存在着词汇、句法、语义、修辞等诸多方面的差异,但却可以存在于同一陈述,"一个确定的消息可以用另外的词、简化的句法,或约定的编码再次转化。如果消息的内容和使用的可能性相同,我们将能够说这里和那里是相同的陈述"(福柯,2003:114)。陈述不但可以出现在具有时间和空间属性的客观世界中,也可以出现在记忆或回忆中,因此,陈述具有可变的流动性。陈述的功能有两个截然相反的可能发展方向:或有助于或阻碍某种利益的实现和达成。当话语具有专断属性时,其意义对大众而言便是贫乏的,此时就会有解释的需要,因此,解释是对意义贫乏的一种反应,是对意义的某种补充。话语的丰富性、流动性赋予它可以转换的能力、先验主观性、集体意识都对个别主体有或多或少的影响，在连续的转换中总是可以得到下一个更加发达的符号。

翻译要处理的是两种符号体系如何从断裂成为某种连续，成为可被理解且有意义的陈述，在这一方面翻译与知识考古学具有一致的追求："断裂永远是存在于确定的实证之间的由某些不同的转换说明的不连续性。因此，考古学断裂分析的主旨是在如此之多的变化中建立相似和差异、等级、补充、巧合和差距，简言之，是描述不连续性本身的扩散"（福柯，2003：195），"断裂是人们赋予那些涉及某一种或某几种话语形成的一般规则的转换的名称"（福柯，2003：197）。福柯的断裂与洛特曼的边界有一定的类比性，断裂之处导致了不连续性，如果这种陈述要继续扩散，那么就要实施某种转换，跨越这种无形的边界，并涉及相似、差异、补充、冗余、重叠等诸多情况，这在本质上与翻译具有惊人的一致性。

二、皮尔斯的可错论

希腊圣城德尔斐神殿上的"认识你自己"和笛卡儿的名言"我思故我在"提醒我们，要以不断反思的批判意识来持续提高我们的认知能力。在经历了科学的反叛之后，人们一直在反思宇宙万物的内在本质和发展规律，皮尔斯（CP 1.135）建议人们"不要满足于已有的思维倾向"。

皮尔斯认为，科学推理方法除了归纳和演绎，还有溯因，"归纳确定价值，演绎推出一个纯粹假设的必然结果，溯因是引入新观点的唯一合乎逻辑的操作。归纳得出'某物实际上是什么'，演绎得出'某物一定是什么'，溯因得出'某物可能是什么'"（CP 5.172），溯因帮助人们获取新想法，是一切创新的来源。归纳遵循从特殊到一般、从可见到不可见、从部分到整体的发展路径，因此归纳不能得出绝对的必然性，也就是说，通过归纳得出的知识是片面的、有限的，甚至可能是错误的；演绎拓展想法，从一般到特殊、从不可见到可见、从整体到部分，普遍的规则应用到个别，不会得出任何创新性观点，是严格的解释性、非扩展性思维和"强迫性推理"（CP 2.96）。皮尔斯的科学方法难能可贵之处还在于，他倡导的是知识可错论。

首先，皮尔斯的可错论对应宗教无错论（religious infallibilism），皮尔斯坚持科学是可错的。可错论对于人类的科学探究活动无疑具有现实的指导意义:"认为一个信念是绝对肯定的或没有错误的不仅是过早的,而且也是非哲学的,对于探究是毁灭性的。人应该在已有信念基础上建立新的东西,并且认识到这些信念可能是错的"(瓦尔,2003:56)。

其次,皮尔斯反对笛卡儿在《心智方向的规则》(*Rules for the Direction of the Mind*)(Descartes,1961)一书中提出的科学链条说,认为笛卡儿的研究方法是独断论者方法,"我们要做一个悔过的可错论者,在经验反对他的信念时,他会抛弃信念"(*CP* 1.55)。由此得出,我们的信念是可错的,我们的观念里不存在绝对肯定的信念。皮尔斯在里德(Thomas Reid)常识主义的基础上,发展了批评的常识主义(critical common sensism),提倡哲学要从常识性信念出发:如火能烫伤人;没有支持,东西就会落地。

第三,皮尔斯受达尔文影响,提出了进化宇宙论,即在自然和意识里所有规则性的东西都被看作生长的产物,进化的宇宙是从一种绝对混沌状态发展为绝对规则状态,在从绝对混沌到绝对规则的运动过程中,存在着一个由机会、发生、习惯组成的三元关系(*CP* 1.277)。

人的知识只有很小部分来自直接经验,大部分需要依赖他人的证言,证言是知识的可靠来源。人们一生都离不开证言,"证言观念的诞生是自我意识的诞生"。因为证言是与一个不出现的事实联系在一起的,这样,事实和现象之间的区别便被建立起来了。例如,一个孩子听到妈妈指着烤箱说:"烫!"但他似乎并没有改变决定,而是触摸了烤箱,他终于体会到了"烫"的直接经验。他之所以敢触摸烤箱或许是因为他之前偶然碰到的烤箱是凉的,所以他还知道原来是可以犯错的。可错性是人的本质属性之一,"错误和无知让人们认识到:自我(self)是可错的"(*EP* 1.20)。

今天的社会现实是,人们不再相信自己的感觉,而是大大依赖于其他人的专家式证言,特别是对于那些自己不熟悉的领域。那么,随之而来的问题便是:证言会是最终意见吗? 信念会错吗? 怀疑论者认为,没有一个信念是绝对肯定的;独断论者认为,某些信念是真的。皮尔斯持可错论的初衷或许在于强调"我们大多数观念可能是真的,但我们不能对任何一个特定的信念绝对肯定"(瓦尔,2003:55)。既然知识是可错的,我们应该如何理解知识?

第三节　知识的理解方式——间性

语言诞生以后便毫无争议地成为人类最强大的思维和交际工具,借此人类开始以主体的身份生活在世界之中,同时以符号思考和建构生活之外的世界。20世纪的语言转向宣告了哲学研究从认识论阶段进入了语言哲学阶段,面对主体性带来的意义危机,人们将视角转向了间性视域,主体间性①、文本间性、文化间性成为翻译符号学思考世界的方式。

一、主体间性

人作为主体,其存在区别于动物只是被动适应自然和维持生命的活动,人的活动是一种社会实践,人有着内在的需要、欲望、目的以及支撑这一切的世界图景。这样,人同世界的关系就是一种主体对客体的实践关系,"它蕴含着物的尺度和人的尺度的统一,合规律性与合目的性的统一,它内在地包含着认知关系、价值关系和审美关系"(孙正聿,2004:87)。

从笛卡儿开始的近现代主体哲学研究经由尼采、福柯、海德格尔的主体性哲学过渡到当代主体间性哲学。人类的存在和社会的存在本质决定了人要超出自身的个体性而与他者发生互动,从而产生主体间性关系。主体间性又导致了这样一个事实,即人永远处于未完成的、面向未来而存在的状态。"'我'自身就是一种分裂,我既是我,我又是我们!我既是单数的存在,我又是复数的存在。我只有'我们',我才能够构成主体,我不作为'我们',我构不成主体,这就叫'主体际',或者说叫'主体间'。"(孙正聿,2004:92)哈贝马斯将主客体关系称为工具行为,把主体间关系称为交往行为,主体通过交往去淡化主体的张力,达到互相理解、社会和谐。如果说主体性是符号主体进行交际的前提和基础,那么主体间性就是人类的根本存在方式。

"本体论主体间性指存在或解释活动中人与世界的同一性是主体与

---

①　intersubjectivity 在翻译为汉语时有不同的说法,包括交际主体、主体间、主体际、主体间性。

主体之间的交往、理解关系,涉及人的存在本质、自由何以可能、认识何以可能等问题。"(杨星映,2011:6)语言不是某个符号主体的孤立性行为,其本质是符号主体间的社会性互动,而意义正是在符号主体社会行动的连续性中从可能性指向实在性的过程。意义发生在社会历史关系之中,是人类自身的存在本质,是主体间的动态性交际的产物。主体间性不再把主体与客体的对立作为矛盾的焦点,而对主体、客体的关系进行统一考察,这时主体间性的问题就是人际关系。主体间性是人类区别于其他物种的一种认知能力,即采取他者的视角观察和理解世界。

进入 21 世纪,我国翻译学界从主体性问题的讨论进入对主体间性问题的探讨。主体并非纯粹单一的存在物,而是处于对话和竞争关系中的主体间性存在物,翻译是一种多元的、对话的、多角度的、多形态的创造(许钧,2003;蔡新乐,2005;冯全功,2012;梁建东,2013;等等)。钱锺书(1997:272)认为,翻译发挥着间性作用:"'媒'和'诱'当然说明了翻译在文化交流里所起的作用。它是个居间者或联络员,介绍大家去认识外国作品,引诱大家去爱好外国作品,仿佛做媒似的,使国与国之间缔结了'文学姻缘',缔结了国与国之间唯一的较少反目、吵嘴、分手挥拳等危险的'姻缘'。""主体性应该是主体间的主体性……翻译研究的主体间性转向任重而道远……只有在一种平等交往关系中真正建立起人类共同的精神家园,主体之间才能达到一种无遮蔽的澄明之境,最终实现人类之间本真自由的存在方式。"(陈大亮,2005:9)

可见,间性不但是意义动态生成的必然属性,亦是人与人平等交流的前提,更是文化间、民族间互动交融、互相丰富、共同繁荣必须依据的基点,因此,我们从主体性谈及主体间性,以期对翻译的本质、文化互动有更深入的探求。人同时是一种间性存在,以交往的形式生活在一定的时间和空间之内、处于复杂的关系之中,并在这种生存空间中为了自身的满足而与界限内的其他存在持续互动。

二、文本间性

文本间性又称互文性,任何文本都具有互文性。罗选民(2006)系统地探讨了互文性与翻译的问题,并对西方和中国的互文性研究做了细致和深入的描述,尤其是首次较为全面地分析和归纳了中国的互文性研究,梳理了上至孔孟、老庄、陆机、刘勰,下到王国维、钱锺书、叶维廉对互文研究的贡献,将互文分为显性互文(如引用、戏拟、用典、糅杂)和成构互文(如体裁、范式、类型、主题),随后提出互文性翻译的三个准则,即关联准则、经济准则、中和准则,解释了互文性翻译行为,并为互文性翻译的建构提供了参考的依据。互文性翻译建构的最终目的在于实现从主体间性到互文性翻译的视域融合,在译入语中为源语中的符号重构互文语境,从而实现主体间性、文本间性的和谐与统一。"翻译的主体间性以客体文本为特征,各主体之间的交往和互动是在语言符号构成的世界里进行。理解是主体间性的根本。主体间性是面向未来而又开放的,是面对客体协调和妥协的结果,是主体共同体认知的结晶。"(罗选民,2006:135)

翻译通过跨越边界、转化他者而实现自我更新或对自我的超越。这样,他者这种异己的事物便从可观察的对象变成可理解、可把握、可利用、可对话的对象,这也是人基本的生存状态。他者因为进入可被观察的视野,从边缘向中心运动,不可避免的结果是中心与边缘之间转换的发生,原有秩序和边界的改变。对他者的建构,是对异质语言和文化的不断阐释,翻译(重译、复译)就是这种阐释最理想的范型。"面对后殖民的不确定身份、自我和文化的交织,翻译不再是一种程式化的语言活动,而是一种历史、社会和政治的融合过程。"(刘军平,2009:507)

翻译的间性特征取决于它所处的位置,即在作为个体的人与人之间(主体间)、两种不同的自然语言之间(语际)、两种文化之间(跨文化),翻译以对话、交流的间性形式所努力表达的是一种理想的平等对话关系。间性反对统一,要求开放、沟通,破除任何的中心主义。"译者要在翻译活动中正确处理主观与客观、冲突与和谐的问题,找到译者的正确位置,译者理解与阐释原文的主观性要设法融入文本所提供的历史语境中,在肯定自我为一种必然存在的同时,又时时打破自我的禁锢,走出自我,融入他人,重新塑造一个融合于过去与现在、他人与自我世界的更大事业,真正做到从心所欲不逾矩,让原文本的血脉在译本中得到继承,让异域文本在新的文化语境中获得再生。"(许钧,2003:294)自我与他者、源语与译入语、源语文化与译入语文化不应是对立、独立的并存,而应是一种共存。

符号学方法更好地把握了文本的整体性以及文本深层意义,文本不只是语法规则的产物,也不是字面意义的拼合,"它适用于分析那些没有语法规则或无法用字典解释的含有多个符号系统的文本(如视觉形象和听觉形象)"(麦奎尔,2010:285)。

如此,翻译从语言间转换进入文化间、文明间的交流与互鉴。文化的交流就是跨越符号域的边界,两种或多种符号域的中间区域才是文化自我更新生长的空间。多元系统论把翻译研究的视角从语言内部转到社会历史因素,即考察社会、文化、历史等更为宏大的语境对翻译理论建构的影响,如翻译文本选择、翻译策略、翻译方法与社会相协调、与文化相适应、翻译与民族文化的传承和发展、维护国家文化安全、促进文化交流与互鉴的要求相一致。

三、文化间性

洛特曼基于主体间性、文本间性展开文化间性研究,类比维尔纳茨基的生物圈,提出用符号域作为最高的存在来统摄人类的生存空间。"符号域要建立与非符号空间或外部符号空间的联系,就必须借助边界才能得以实现。"(Лотман,1984:18)洛特曼把从外部符号空间接收新信息的过程称为翻译:符号域边界的接触点可能与感官接收器连接,把外部刺激转换为我们神经系统的语言或一个翻译单位,从而使外部刺激物与给定的符号域相适应。在洛特曼看来,各种符号文本中存在着价值观念、意义网络和理解的可能性。与此同时,文本也是边界,人们需要跨越这种间隔去发现某种延续性和联系,实现文化间的联通。文化间性为差异的产生和发展提供了可能,其负面效果就是为了求同而被强势一方或权威力量、主流文化用来施加思想强制、信仰输出甚或文化入侵。地域文化、民族文化先天具有某种抗拒性,"受众可能容忍几种不同的、不一致的文化经验的世界(如地方的、国家的、群体的、全球的),而不是用一种文化来毁坏其他文化"(麦奎尔,2010:205)。

文化的诸领域,如语言、艺术、科学、宗教、习俗、仪式、文学等都是通过符号系统来表达的。文化的存在呈现为一种特殊的时间和空间模式,这种模式的运行借助于符号域得以实现。符号空间被视为一个统一的机制,符号域与特定的符号同质性和个性相关联。与此同时,符号空间是异质的,包含着互相矛盾和冲突的结构。不同符号域之间通过各自符号域原初的和同质的属性得以区分,不同符号域之间就出现了边界,如文化的、非文化的、反文化的。每一种文化都需要其他文化来定义它的本质和界限,这与巴赫金的他者概念具有相关性。

钱锺书理想的翻译境界是"不隔",因为现实中的翻译是在间隔中进行的。这种"隔"让我们很容易联想到洛特曼的"边界",因为有边界所以"隔",因为"隔"而出现了边界。"民族文学不是天然就能成为世界文学,而必须像光线发生折射那样,穿越语言、文化、时间、空间等构成的介质,在椭圆形空间中反射出第二个焦点,由此而形成一种混杂、共生的作品"(陶李春、张柏然,2017:68),文化交融指的就是传统文化与新兴文化、民族文化与外来文化互动过程产生出其他文化元素。文化对有序和无序、自文化和异文化的区分是边界概念的合理性基础,文化一般具有有序性、组织性、同构性等特征,而文化外的因素则一般被认为是无序的、无组织的、异质的,甚至被称为是非文化的。

特洛普(Torop,2008b:386)从心理和意识形态出发去思考翻译的重要性,一方面把翻译过程视为语际、语内、符际翻译综合体,另一方面认为翻译是语言的、文化的、经济的和意识形态的行为。译者在语言、文化和社会的边界工作。洛特曼的边界概念具有时空属性,在空间上表示交流双方的差异,是一种距离的存在,距离是观察的前提,而时间属性保障了先后顺序,这样为不同声音的表达提供了条件,也使得相异的双方能倾听对方的声音。符号空间的边界是最重要的功能性和结构性位置,边界是一个双语机制,它将外部交际翻译为域内语言以及将内部交际翻译为域外语言。洛特曼符号域理论的终极目的是为不同民族文化间的平等交流找到一个平台,"破除绝对的中心,实现交流的多元性、对话性,将文化自信建立在东西方文化平等交流的基础之上"(张西平,2017:40)。

翻译是一种文化实践活动,是人类文明发展的重要推动力量,"翻译与民族主义、文化身份以及全球化是密不可分地联系在一起的"(Snell-Hornby,2006:130)。翻译通过交流与对话促进文化间的相互理解,旨在维护文化的多元性。吕红周和单红(2018b)从翻译的主体、翻译的主体性、翻译的主体间性的讨论进入翻译间性的探讨,为主体间性、文本间性、文化间性对翻译理论的建构寻找依据,目的是为世界文化的平等对话与交流、丰富与发展找到可行性方案。翻译内涵的丰富和翻译对象的变化要求我们重新审视翻译的定位,出现了翻译的研究对象从语言转换变为符号转换的可能。

下编　翻译符号学应用探索

　　上编"翻译符号学学科史探源"、中编"翻译符号学理论建构"大致呈现了翻译符号学这门符号学新兴分支学科的发展脉络以及理论架构,由于这是一个正在形成与发展的研究领域,学界对其研究范围、研究方法、研究效度等尚未形成定论,有待更多学者参与并贡献自己的智慧,共同推动翻译符号学的健康成长。

　　秉持理论联系实际的基本原则,我们在此审视已有的研究成果,展现翻译符号学理论的应用,分析文本多元符号构成及符号叙事的复杂化过程,尝试提出以民族共同体意识为始源、符号活动为内驱力,以对象、符号载体、解释项的无限循环过程为要素的无限符号活动模型,即符际翻译模型,并初步得出以下结论:翻译的机制是无限符号活动,翻译的结果是符号生长和意义的层级化。

　　在翻译符号学视域下重新审视符号文本的多重意义形式,认识意义的流动机制,才是系统提升传统文化可理解性的可靠路径。在符号活动统辖之下,两类符号(有形符号与无形符号)的三种转换(有形符号间转换、有形符号转换为无形符号、无形符号转换为有形符号)是翻译符号学理论建构的基础。

第七章

符际翻译与多模态翻译

翻译符号学把翻译视为符号转换,即转换的两端分别是输入符号和输出符号,"在符号输入和符号输出的中间部分是百科知识"(沈家煊,2023:5)。百科知识是以不同符号系统来表征的,本质上是一种多元符号系统或多模态话语。系统功能语言学认为,文化语境限定了人们的意义潜势和行为潜势,大致可理解为百科知识规范和影响了人们的思维方式、行为倾向,即在面对特定交际任务的时候,人们普遍遵循着约定俗成的过程,即民族共同体意识。从这样的内在逻辑出发,符际翻译(intersemiotic translation)和多模态翻译是翻译符号学的重要研究内容。

第一节　符际翻译

符际翻译在我国已有几十年的研究历史,学界既引进、阐释国外研究的理论,也有对符际翻译的应用研究。《国内符际翻译研究透视》(魏姝,2013)从文献数量、研究主题、研究层次、研究特点和未来研究趋势等几个角度,梳理了国内符际翻译研究的历史,其数据来源为中国知网数据库,时间跨度为从 1982 年到 2013 年,相关文章共 48 篇,其中包括博士和硕士学位论文各 6 篇。作者指出,"符际翻译在信息时代的实际应用范围非常广泛,涉及诗歌翻译、美术翻译、跨文化图像翻译、敦煌莫高窟研究、典籍翻译、文学翻译、广告翻译、歌曲翻译、信息领域翻译、服装简介翻译、菜名翻译等诸多方面"(魏姝,2013:95)。截至2023年12月31日,我们以"符际翻译"为篇名关键词精确查找,发现从2018年到2023年中国知网共有论文55篇,其中包括6篇硕士学位论文,涉及艺术符际翻译、象征语言翻译、交通公示语多模态翻译、符际翻译对等、漫画翻译、身份建构等。

一、符际翻译理论研究

自雅各布森1959年提出语内翻译、语际翻译与符际翻译的翻译三分以来,符际翻译一直是学者们关注的话题。"符际翻译或变形(transmutation)是用非语言符号阐释语言符号。"(Jakobson,1959:233)符际翻译引入了非语言符号,将翻译现象从语言转换拓展至符号转换。虽然符际翻译研究目前处于学科边缘地位,但该研究具有广泛的理论阐释力,体现出跨学科性、复杂性、综合性特点。

奈达基于自己的《圣经》翻译实践,在《从一种语言到另一种语言》(*From One Language to Another : Functional Equivalence in Bible Translation*)(Nida,1986)中正式提出了社会符号学翻译法,指出相较于语言翻译法和交际翻译法,社会符号学翻译法能更好地阐释语言意义、象征意义、符号意义(如字体、排版),得出"符号学是分析符号的最全面的系统"(陈宏薇,1996a:88)的结论。奈达的这一说法有着理论和实践依据,奈达经历了从语言学翻译到交际学翻译,再到符号学翻译的持续探索,其社会符号学翻译理论包含符号社会性、符号系统性等理论,深刻把握了符号与人的关系本质和意义构成,已经涉及翻译的符际转换本质。

《社会符号学》(*Social Semiotics*)(Hodge & Kress,1988)继承和发展了韩礼德"语言是社会符号"的观点,更加强调符号的社会性,以及语言、语境、文化、社会不可分割的系统关系,强调语言用途对语体的决定作用以及代码对发送者组织意义和接收者解读意义的制约作用。除了与语言的三大功能即概念功能、人际功能、文本功能紧密相关的语场、语旨、语式以外,构成社会情境的还有文本、代码、社会结构等诸多概念。社会符号学主要探究由语言符号和非语言符号、视觉符号和听觉符号、行为符号等多种代码构成的符号系统的表意、传达、理解过程。

《英汉与汉英翻译教程》(柯平,1993)采用莫里斯符号学三分观点,从指称意义、言内意义、语用意义三个维度展开翻译问题研究,"指称意义是语言符号所代表的事物的基本特征的抽象概括,它的核心内容是区别性特征……大部分情况下,指称意义是语言符号的基本内容和它所传递的主要信息,所以也被称为概念意义或认知意义"(柯平,1993:23),"言内意义是语言符号之间的关系。它包括传统语义学的系统意义,但其范围远远不止系统意义,语言符号在音乐、语法、词汇、句子和话语层面上都有言内意义"(柯平,1993:23-24),"语用意义种类很多,包括象征意义、表达意义(主要同发讯人有关)、社交意义(主要与沟通发讯人和收讯人的渠道有关)、祈使意义(主要与收讯人有关)和联想意义(同时与发讯人和收讯人有关)"(柯平,1993:27)。

《文学翻译的符号学特征》(吕俊,2006)提出采用符号学方法研究文学翻译,信息论模式下从符号发送者到接收者中间的编码和解码模式似乎不适合文学翻译,而雅各布森的符指过程六要素,即除了发送者和接收者,还有语境、信息、渠道、符码四要素,能更好地阐释文学语言的诸多特性,如表达性、意动性、交际性、元语言性等。这样可以避免以线性方式理解文学翻译,对于揭示文学语言的复杂性、多义性、隐含性、无限衍义性提供了更多可能。吕俊指导的硕士学位论文《符号学在翻译领域的历史性扩展》(费国萍,2003)是其符号学翻译思想的进一步呈现,该文从符号学作为人文社会科学总方法论和元科学出发,采用皮尔斯的符号活动概念审视翻译,把翻译视为一种符号过程、符号转换。遗憾的是,该文并没有进一步对翻译的符号活动机制、意义的符号解读与生成展开深入探讨。虽然语言符号的表征形式是线性的、单向的,但其意义却是多层级的、多维度的。

陈宏薇是我国较早从事社会符号学翻译研究的学者,不但有系列论文发表,如《社会符号学翻译法研究》(1996a)和《符号学与文学翻译研究》(2003)等,而且其对符号学翻译应用的探索也反映在其专著中,如《汉英翻译基础》(陈宏薇,1998)、《新实用汉译英教程》(陈宏薇,1996b)等。陈宏薇(1996a:90-91)认为,社会结构是语义系统与语义过程发展的基本因素,并进一步把社会结构与符号表意的关系总结为三个方面:社会结构界定各类社会情景并赋予它们意义;社会结构决定交际者的交际方式,调整意义表达的风格;社会结构参与符号相互作用过程。对大多数人来说,社会是一个主要的现实,意义是社会的产品,即社会创造意义。人是符号的动物,同时也是社会的动物,"符号学教给我们如何寻找符号的意义,而这些意义又以编码和解码的形式承载着社会的规约"(Arthur,2014:26)。社会符号学翻译法虽然努力将语言翻译、交际翻译、文化翻译等都纳入统一翻译过程,但其总体的理论架构、概念间逻辑关系、翻译方法的使用以及理论阐释的应用效果依然有可进一步完善和探讨之处。

综上所述,符际翻译研究体现出以下主要特征。第一,符际翻译是借助符号学理论、方法解释翻译现象,试图为翻译研究提供新的理论视角和理论阐释,我们将这类研究大致归为符号学翻译研究,学科归属上属于翻译学。第二,就研究文献梳理看,我国符际翻译研究主要是引进和阐释皮尔斯、莫里斯、雅各布森、奈达等人的理论,尤其以奈达的社会符号学翻译研究为主流。第三,按照雅各布森的翻译三分法,符际翻译属于翻译的一种,符际翻译与符号学翻译具有一定的重合性,符际翻译应是符号学翻译的下位概念。

二、符际翻译的应用研究概览

经过文献梳理可知,我国符际翻译应用探索主要围绕语言符号和非语言符号间的转换展开,论及图像符号与语言符号间转换、语言符号到电影多模态符号的转换、广告多模态符号的表意策略、语言符号与歌曲的声音符号转换、语言符号与舞蹈的视觉符号转换等。我们分别以广告、图像、漫画、电影、图书封面、绘本等为例分析我国符际翻译研究的现状。

《现代商业电视广告的翻译策略》(陆蓉,2005)把广告视为一种由语言符号和非语言符号构成的文本,借助雅各布森的符际翻译和赫尔兹-曼塔利(Justa Holz-Mänttäri)的翻译行为理论,探究非语言符号转换过程中的影响因素,如文化差异、消费者心理差异、消费能力差异、广告法差异,从而根据广告目的和广告受众差异提出三种翻译策略,即功能对等翻译、功能相异翻译、对应性翻译,这三种策略并非界限分明,而是可以交叉和综合运用的。

《从语符翻译到跨文化图像翻译：傅雷翻译的启示》（王宁、刘辉，2008）、《从"以画言事"到"以言行事"——政治漫画翻译补偿研究》（牟立群，2010），以及《从敦煌石窟艺术看符际翻译》（梁晓鹏，2012）都以跨文化图像翻译为探究对象，为从图像符号到语言符号的转换研究提供了借鉴。具体而言，王宁和刘辉根据雅各布森的翻译三分法，认为对艺术品的阐释属于跨文化符际翻译，"既要能将图像所蕴含的意义用语言文字的形式表达出来，有时面对来自另一种语言文化的图像，我们还要具备跨文化语符翻译的才能，在阐释图像的同时将其背后的历史文化背景知识也翻译成目标语"（王宁、刘辉，2008：29）。信息时代是读图的时代，文字和图像成为翻译的主要对象，而傅雷的《世界美术名作二十讲》（1985）便是跨越学科和艺术门类界限、跨越语言和文化甚至文明界限的符际翻译。把美术作品转换为语言符号本质上是图像符号转换为语言符号的符际翻译，离不开文化因素和历史背景，是沟通不同文化、不同文明、不同时代的桥梁，已经超出了语言文字层面的翻译，更接近多模态翻译，"它虽然是用静止的图像来表达的，但这静止之中却隐含着一种动态，它有着不确定的巨大的阐释空间，而每一种文字阐释只能从某一个侧面或角度接近它的意蕴，却永远不能穷尽其深刻的意义"（王宁、刘辉，2008：32）。

梁晓鹏（2012：40）持"无论哪一种翻译都是从一种符码或符号系统向另一种符码转换"的广义翻译观，以莫高窟第45窟盛唐图像和《妙法莲华经》《正法华经》相关内容的对比为依据，分析从语言符号到图像符号转换的理据与特点，指出其符际翻译的七种类型：摘译、提喻、以点带面、重组、符码结合、象似性、互文性等。敦煌石窟是语言、文化、宗教思想、建筑、雕塑、绘画融为一体的艺术形式，即多模态文本，其壁画的绘制以佛经为依据，同时融入建筑、光线、空间、颜色、人物、雕刻、民俗、官方意识形态等诸多因素，总体上是从语言符号转换为非语言符号、从无形符号转换为有形符号的符际翻译过程。石窟的覆斗形窟顶和主室"四方四维上下十方"的空间观念与文字符号描述具有高度相似性，壁画通过人物来叙述，所以需要从语言描述中选取典型人物，以组合方式建构相关情节、场景，从而在有限空间内实现对复杂内容的表征与再现。

《从"以画言事"到"以言行事"——政治漫画翻译补偿研究》（牟立

群,2010)梳理了政治漫画翻译的定义、类型和翻译步骤,肯定政治漫画是跨文化图像翻译的典型,虽以图像叙事为主,但包含大量的政治、经济、宗教等多种文化信息,其构成除了图像,还有语言文字、背景知识、人物关系等成分,属于语言符号和图像符号构成的多模态文本。政治漫画一般通过隐喻、讽刺的手法表达作者的真正意图和观点,其翻译过程除了涉及文字翻译,还涉及对图像内在的隐喻、换喻、夸张、联想等展开推理,并进行语义补偿和明晰化处理。

《符际翻译和功能翻译理论视角下漫画翻译——〈养蜂漫画〉翻译实践报告》(竹珺,2019)是一篇硕士学位论文,该文以雅各布森符际翻译和系统功能语言学为理论依据,基于《养蜂漫画》法译汉的翻译实践,总结漫画翻译过程中的步骤、策略、问题及其解决方式,指出漫画翻译要平衡科学性、艺术性、通俗性、趣味性,有效阐释图像和语言文本如术语、修辞、文化内涵以及字体、字号等之间的关系。

《电影改编:另类的符际翻译——以〈色·戒〉为例》(李妙晴,2008)采用勒菲弗尔(André Lefevere)的翻译改写观和雅各布森符际翻译概念审视电影改编,认为从小说到电影是一种符际翻译,改写过程受到意识形态、赞助商、诗学形态的制约和影响,以便更容易被观众接受。这里的诗学一方面指文学的构成要素,如主题、人物、情节、象征、手段、样式等,另一方面指文学的社会作用。因此,诗学功能与社会紧密相关,"改编文学作品要树立何种形象、导演的观点取向等都与意识形态和当时环境中占主流地位的诗学紧密相关……改编者的任务就是在电影中把小说从纯语言释放出来,是通过自己的再造把作品解放出来,为了多符号的缘故,改编者打破了原作中语言的种种障碍"(李妙晴,2008:57-58)。

《电影改编的符际翻译研究——以〈喜福会〉的心理描写为例》(王晨爽、文军,2016)基于皮尔斯的符号学和雅各布森的符际翻译概念分析《喜福会》作为小说文本和电影时的符号表意、叙事上的差异,以及语言符号和视觉符号、听觉符号的转换,这是典型的从语言符号到非语言符号、从单模态到多模态转换的符际翻译,不仅涉及图像、声音,还涉及服饰、动作、颜色、光线、角度、关系、结构等多种符号的组合与搭配,既有时间上的先后,也有空间上的位置关系,视觉上的大小,颜色上的明暗等。文章认为,从小说到电影的转换是叙事媒介的转换,由此带来了不同于翻译研究中对忠实、对等原则的认知,即是否忠实于原著已经不是评价电影成功与否的核心标准。而符际翻译的优势也在于此,即具有创造性阐释的空间,符际翻译是信息化读图时代多模态文本书写与阅读的必然趋势。文章主要分析了将小说语言文字的心理描写转换为特写镜头、心理独白、场景设计、音乐运用的表达方式,"特写镜头擅长刻画人物的内心世界……,画面通常具有特殊的视觉感受,它能轻而易举地吸引人们的视线"(王晨爽、文军,2016:107)。独白是电影中常见的一种直接描写人物情感的手段,是语言符号转换为言语符号,文字转换为声音,视觉转换为听觉。场景设计是电影叙事的重要手段,通过自然环境、生活场景、人物关系、事件、行为方式塑造人物想象、描写人物心理,如雨天、灰蒙蒙的天空、大雪之夜、雷电交加、荒芜的长满杂草的小院、黄昏表达人们内心的忧郁、痛苦、灾难,而春天、阳光、鲜花则与青年、希望相关联。音乐被誉为人的第二种语言,音乐对情境设计、心情、动作、内心活动、精神状态的描述比语言文字更为直接和有效。可见,视觉符号、听觉符号、动作符号、言语符号的综合使用使得电影叙事可以更加直接、具象化、生动化、动态化,电影是对小说的文学再创作,是用非语言符号阐释语言符号的典型场景,对于民族文化向世界文化转换具有良好的推动作用。

《翻译符号学视阈下的〈红高粱〉文本阐释》(潘琳琳,2018c)是对符际翻译的理论建构和应用的有效探索,在借鉴雅各布森语内翻译、语际翻译、符际翻译三分法和洛特曼符号域概念的基础上,尝试性地提出了新的译域划分,即域内翻译、域际翻译和超域翻译,并将之作为文本阐释的一般性模式。应用方面,其围绕《红高粱》小说文本、电影台本、电影剧本、电影四种形式的文本之间转换的过程、制约要素、转换效果展开分析,充分体现了以语言符号、言语符号、身势语、动作、服装、颜色、叙事等多元符号互动协调表意的机制,围绕翻译主体、互文性、意识形态等诸多要素阐释符际翻译。对于"在翻译符号学视阈下,原文本为符号,目的文本为对象,而译者对符号与对象关系的阐释是解释项"(潘琳琳,2018a:123)这一表述,我们同意"原文本作为一个符号",但目的文本不是原文本的对象,而是解释项之一,且任何一个目的语文本都只是对应着原文本的直接对象,而非动态对象,因为任何阐释都只是特定时空下的有限阐释,一个原文本的所有目的语文本之和理论上可以覆盖其动态对象,即完全阐释原文本。

《符际翻译与后翻译研究视角下的中国当代文学对外传播——从〈妻妾成群〉到〈大红灯笼高高挂〉》(蒋梦莹、孙会军,2018)分析了从小说《妻妾成群》到小说英译版本、电影、芭蕾舞《大红灯笼高高挂》的不同媒介转换过程及其在新的文化语境中的接受和再生,从后翻译研究理论出发,讨论中国文学对外传播的有效策略,"不管是从符号学还是从翻译学、跨文化交流角度出发,具有符际翻译性质的多模态改编在全球化时代下的重要性已经愈发凸显出来,这也给翻译研究带来了新的学术视野、研究路径以及新的挑战"(蒋梦莹、孙会军,2018:91)。根据皮尔斯的符号活动概念,翻译是从一种符号系统到另一种符号系统的符号转换,是符号载体、对象、解释项构成的一个动态的三元关系和持续过程。电影把小说中人物的心理描写通过意象、色彩、封建仪式、特写镜头呈现出来,将大红灯笼发展为中国文化的代表性符号。根据电影受众和芭蕾舞受众的文化差异,其叙事视角、宣扬主题、符号表征与再现方式都发生了变化,如芭蕾舞中借用了京剧中的音乐、具有中国元素的服饰、打麻将的活动场景等这些典型的代表中华民族特色的符号要素,"电影浓郁的异域色彩和舞剧的中西元素融合反映了文化翻译的不同尺度"(蒋梦莹、孙会军,2018:94)。文化传播的复杂性要求打破翻译、改编、创作、文本、对等、艺术形态等要素的界限,以有效整合和发挥不同媒介的表意机制,从而提升跨文化传播的效度,提高受众感受异质文化间的矛盾冲突的张力。

《〈骆驼祥子〉译本封面的多模态符际翻译研究》(吴平,2020)融合了多模态、符际翻译理论,用于封面这一典型多模态符号的汉译外研究。图书封面通常是出版商意欲传达的主要内容,由语言符号、图像、颜色、字体、结构、空间、字号、版式等诸多表意要素构成,传达的内容包括图书内容、作者意图、译者策略、出版意图、设计师的审美与伦理、文化背景、意识形态、市场需求等。多元符号组织并建构了一种空间叙事,呈现出独特的内容与风格,调动人的视觉、触觉、嗅觉三种感官的认知与情感参与意义的识别与建构过程,从而达到激发人的阅读兴趣的目的。吴平进一步将封面多模态分为低图像性与高图像性两大类别,从理念意义、人际意义、组合意义三个维度分析《骆驼祥子》海外译介过程中 23 种语言、47 种封面设计的多模态样式所传达的信息价值观,"图像符号系统有完全不同于语言符号系统的多种表现方式,如色彩、纹理细节、凝视角度、镜头长度等,这些超出语言符号系统的手段都可以在符际翻译过程中被用于再现经验和建构社会关系"(吴平,2020:144)。所谓低图像性,是指封面只包含书名、作者名、译者名、单色背景、出版社名、简单图像等。高图像性则以多模态方式呈现,如由人物、社会环境、事件、颜色、光线等构成的多元符号复杂叙事。其中彩色照片是一种高图像性多模态,最大程度地再现了客观对象的诸多细节和故事情节,处于视觉连续体的顶端,黑白照片、草图、简笔画、线条则逐渐降低叙事的精确性和丰富性,"颜色可以作为文字翻译的补充,为翻译增添更多的社会文化意义"(吴平,2020:148)。其他视觉选择也体现了作者的倾向性,如宽阔的肩膀、挺括的胸肌、面色红润表达健康、积极、乐观,而面黄肌瘦、眼神呆滞、衣衫褴褛则表达受尽生活折磨、处于社会底端。骆驼作为一种任劳任怨的动物,与人名祥子连用表达了一种低下的工作,是拉车者与动物之间的一种隐喻关系。就空间表意而言,不同符号的位置关系具有信息价值,左边为已知信息,右边为新信息,上边多为抽象,下边多表现实,中心为主要内容,边缘则表次要内容等。大的图像和字体往往表示更重要的意义,这些符号共同作用完成叙事,实现封面的营销功能,吸引读者的注意力。

儿童绘本是由语言、字体、图像、颜色、结构、空间布局等构成的多模态文本,共同参与意义建构和叙事进程,通常以图像为主要叙事手段,语言文字为辅助手段,因此,符际翻译、多模态翻译成为探讨绘本翻译的重要理论依据,如《语像翻译策略及跨文化跨媒介操纵——跨文化语像翻译初探》(彭勇穗,2013)、《符际翻译视角下的儿童绘本翻译》(傅莉莉,2016)、《符号体认的多模态表达——以儿童文学绘本〈咕噜牛〉中英文版本为例》(王铭玉、康喆文,2022)等。傅莉莉(2016)认为,儿童绘本翻译包含雅各布森的语内翻译、语际翻译和符际翻译,强调"阐释关系是图文最基本的关系。文字内容要反映图画,同时还要与图画共同完成叙述"(64-65),并从标题、一般信息阐释、文化信息阐释三个方面举例说明儿童绘本翻译的忠实问题。王铭玉和康喆文(2022)在体认语言学观基础上提出了体认符号学,把符号生成、传递、理解视为在体验和认知基础上的意义建构过程,涉及诸如视觉、听觉、触觉、味觉、嗅觉等基本感官的多种符号协同表意,又称之为多模态。人对世界的认识与理解始于范畴化,"多模态既可以是人们受到外界信息刺激时的不同神经系统反馈,又可以是人们对于客观世界认知的多种符号表达样态"(王铭玉、康喆文,2022:32),只要使用符号表意就一定是个人意图、倾向的社会化表达,与社会规约、惯例、习惯、传统、习俗等一致的个人意图会较为通畅地被识解和接受,反之,则会遭遇质疑、讨论甚至是误解,从而影响交际的展开。因受制于个人的百科知识以及理解能力,在符号体认过程的不同阶段会有不同的解读,如符码体认、符喻体认、符化体认、符间体认、符域体认等。

综上所述,我国符际翻译研究大致呈现以下主要特点。第一,研究涵盖符际翻译理论和符际翻译应用两大维度,从对国外理论的引进、介绍、阐释,再到联系微观的现象解读,如诗歌翻译、文学翻译、图像翻译、广告翻译、歌曲翻译、音乐翻译、电影翻译、绘本翻译等,呈现出多元化发展态势。第二,已有文献尚未系统区分符际翻译与多模态翻译、符号学翻译与翻译符号学的联系与区别,还未出现学科化进程,停留在借用符号学理论或概念对具体对象或单一对象的阐释上。第三,从文献数量、种类和发表期刊级别来看,符际翻译研究依然处于翻译学研究的边缘地位,尚未形成系统性、学科性的系列研究成果,仍然具有很大的发展潜力。第四,信息时代和融媒体时代,文本已经超出语言范畴,形成了文字、图像、形状、颜色、声音、动作等多模态,因此,符际翻译与多模态翻译的深层关联有待进一步探讨,其未来应形成以翻译学分支学科为旨向的符号翻译学和以符号学分支学科为旨向的翻译符号学。

第二节　多模态翻译

一、多模态的概念

根据李战子和陆丹云(2012)的梳理,20 世纪 90 年代以来学者们开始探究多模态理论的建构、分析框架、研究方法、应用探索等,如奥图尔(O'Toole,1994)对绘画、雕塑和建筑等艺术作品的符号学分析,《读图:视觉设计语法》(*Reading Images : The Grammar of Visual Design*)(Kress & van Leeuwen,1996)和《多模态话语:当代交际的模态与媒介》(*Multimodal Discourse : The Modes and Media of Contemporary Communication*)(Kress & van Leeuwen,2001)对视觉图像、颜色语法、报纸版面设计的研究,《言语、音乐、声音》(*Speech, Music, Sound*)(van Leeuwen,1999)对听觉语法的研究,《多模态教与学》(*Multimodal Teaching and Learning*)(Kress,2001)对知识形成过程中多模态不同用途和功能的探索。

韩礼德以"语言是社会符号"的观点奠定了社会符号学的理论起点,并被克雷斯和范·鲁文(Theo van Leeuwen)等发展为社会符号学,不同于索绪尔研究符号的心理属性趋向,社会符号学转而探究符号的社会性本质,即符号在人类社会生活中的表意机制、识解机制和传播机制,直接催生了多模态、多模态符号学以及多模态翻译等相关研究,多模态识读和表达能力成为信息社会融媒体时代对人的存在与发展的新要求。

胡壮麟在为《语言符号学》(王络王,2004:iii)一书所写的序言中就已经指出符号学要超出语言符号范畴,关注和探究人类表意的诸多非语言符号,"符号学有广阔的目标,它的理论旨在探索意义的生成。任何意义,不仅是书面语的意义,诸如视觉、听觉、嗅觉、味觉、触觉,以至抽象的模型、结构、主体意识都应纳入它的视线之内"。胡壮麟(2007:2)区分了多模态与多媒体化(multimediality)。modality 源于 medium(媒介/媒体),mode(方式/模式/模态/型),除了表示情态,还指模态化,多模态化即 multimodality。

朱永生(2007:83)区分了模式(mode)、模态(modality)和媒介(medium),

146

认为模式指系统功能语言学中的话语模式（mode of discourse），如口头模式、书面语模式、电子模式等。"情态指语言系统中讲话者对事物的或然性（probability）进行判断和对事物的必要性表明态度的寓意系统，而模态则指交流的渠道和媒介，包括语言、技术、图像、颜色、音乐等符号系统。"（朱永生，2007：83）模态是可对比和对立的符号系统，媒体是符号分布印迹的物质手段，我们感受世界的视觉、听觉、嗅觉、味觉、触觉是模态，眼睛、耳朵、鼻子、舌头、手是媒体。简单来看，媒体是工具，模态需要媒体来实现意义的表征，但媒体可以转换为模态。"物质的媒介经过社会长时间的塑造，成为意义产生的资源，可以表达不同社团所要求的意义，这就成了模态。所有模态具有表达意义的潜势"（胡壮麟，2007：3），这一论述延续和发展了克雷斯和范·鲁文（Kress & van Leewen，2001）的定义："模态是物质媒体经过社会长时间塑造而形成的意义潜势，是用于表征和交流意义的社会文化资源"。

朱永生在《多模态话语分析的理论基础与研究方法》（2007）一文中回顾了多模态话语的产生、定义、理论基础、研究内容、研究方法和研究意义，将话语分析的研究对象从语言拓展至涵盖声音、图像、颜色、动画等多种意义表现形式的多模态，从而延展了话语分析的边界。文章指出，话语分析始于20世纪50年代哈里斯（R. Harris），20世纪90年代多模态话语分析逐渐兴起。人们通过对基本感官、器官的分析提出了五种交际模态，并应用于话语分析。视觉、听觉、味觉、嗅觉、触觉作为生命体的五种基本感官通过相应的器官——眼睛、耳朵、舌头、鼻子、皮肤与周围环境展开信息交换，形成了五种交际模态——视觉模态、听觉模态、味觉模态、嗅觉模态、触觉模态，从而建构生物存在与发展的空间，乌克斯库尔称之为环境界（Umwelt）。

《多模态：当代交际的社会符号学研究》（*Multimodality: A Social Semiotic Approach to Contemporary Communication*）（Kress，2010）把模态作为一种意义资源，并尝试将多模态理论用于学习和评估、学习习惯养成等。奥哈洛兰和史密斯（O'Halloran & Smith，2011）对多模态语篇、多模态技术、多模态分析软件等理论与应用进行了探索。

顾曰国（2015：448-449）认为，多模态指多个感觉器官加上处理各自信号的神经系统,神经医学称之为多模态感官系统(sensory modalities),"多模态感官系统直接参与构建的意义是具体的、形象生动的、体验型的,是一切抽象概念的基础"(顾曰国,2015:461)。多模态过滤指"多模态感官系统在与外部世界互动时会受到个人信念、价值、知识等的影响"(顾曰国,2015:464),这里外部客观世界的因素包括家庭、教育、生活和工作环境、人际关系等。

基于多模态感官的语言学理论包括皮亚杰的经验建构主义、卡密洛夫-史密斯(Karmiloff-Smith)的成长理论、琼森(Johnson)的意义理论、顾曰国的多模态充盈论。不同于系统功能语言学和社会符号学,顾曰国研究脑神经科学感官模态系统,其多模态应用涉及多模态语料库、多模态机器人、多模态语言教学、多模态与临床语言学等。

黄立鹤和张德禄(2019:21)认为,多模态包含感官及相应的神经系统、符号资源、信息存在的方式。"在多模态话语中,话语的构建不仅要考虑什么样的意义模式更加适用,同时还要考虑有哪些模态(符号资源)可供即时选用,从而实现交际目的。这一方面扩展了多模态话语构建意义选择的范围,另一方面也增加了选择合适的已有符号资源的任务。"(张德禄,2023:445)

可见,模态具有社会约定性、潜在表意性、动态可变性、文化过滤性,不仅如此,个人还可根据表达意图、风格、受众对象、语境等,在一定程度上改变模态的使用方式,从而出现了变异性和多模态协同表意性,如同时使用言语、手势、眼神、面部表情、动作、停顿、空间、服饰、发型、沉默等,"多模态化是当今社会文化系统的固有属性"(李战子、陆丹云,2012:1)。

此外,需要指出,五种模态(视觉模态、听觉模态、触觉模态、味觉模态、嗅觉模态)并非处于同样重要和发达的位置,视觉模态和听觉模态明显更发达和更丰富,而其他三类模态随着科学技术的发展也逐渐参与到意义建构中。通过以上对模态定义、构成、作用、机制等的梳理,我们发现,模态和符号在一定意义上具有内在一致性,如物质性、社会性、约定俗成性、表意性、动态性、生成性、可变性等。但两者也有一定差异:模态源于系统功能语言学,是在语言符号基础上发展的对人类社会表意手段的拓展性研究,以认知、感官、神经系统、社会情景等为主要依据,限定在社

第七章 符际翻译与多模态翻译

147

会文化领域中;而符号则是一种更广泛的存在,不但人类使用符号,动物、植物、细菌、人工智能等领域也存在符号,即超出人类中心主义,普遍存在于宇宙之中。

二、多模态与翻译研究

人与人的交往形成了社会结构,确定了不同人的社会地位和社会角色,同时建立起了具有约定性和规约性甚至强制性的价值系统、知识系统和行为系统。具体而言,话语的意义建构通常涉及多种模态的选择和配置,如言语、手势、面部表情、口气、语调、身势语、空间距离、服饰、发型、眼神、坐姿等,符号载体不仅可以是具有外在形式的物质实体,如玫瑰花、礼物等,还可以是抽象的无形符号。前者用于表征符号意义,还具有媒介特性以及潜在的文化意义,后者则具有一种潜在的未被明晰化、未被发现的意义,随着语境变化或时空因素的刺激可能出现新的意义。

在特定的情景中,不同模态或符号发挥着不同的作用,具有主次之分,如面对面的对话中,言语为主要模态,而其他的手势、表情、姿态、眼神等为辅助模态。当然,主要模态和次要模态是相对的,可以随着情景的变化而变化。如去医院看望失语症的病人时,眼神、表情、动作可能就要占据主要模态位置,表达最直接的情感。各种模态之间如果配置不当,会出现矛盾、冗余、重复等,会给听话人带来疲劳或厌倦,从而影响交际的效度,因此,诸模态之间要协同相容、动态互补。

多模态研究一般在社会符号学与话语分析两个理论维度展开,所以也常被称为"多模态符号学"。"多模态符号学"这一称呼最早于2007年由胡壮麟引入国内,主要探究多模态语篇中不同模态,如图像、文字、声音、颜色、形状、结构等的组合表意机制。在网络媒体、影视、广告、绘本、课堂教学等领域,多模态分析、读写、建构能力逐渐成为人文素养的重要构成部分。李战子和陆丹云(2012:1)把多模态符号学定义为"社会符号学视角下的多模态研究",把参与意义建构的多种符号视为符号资源,如语言符号(口语/书面语)、非语言符号(字体、字号、排版、空格、图像、图表、建筑、音乐、动作、光线、颜色等),"各种模态间的互动均具有表达意义的潜势,都对意义的创建起到作用,也可称之为符号潜势或模态潜势"(李战子、陆丹云,2012:2)。多模态研究以非语言符号的语义生成为研究对象,主要路径为符号语法的构建、多模态语类特征研究、社会场所的再符号化研究等。

多模态话语即"通过联合不同的符号系统(模态),并由交际者把所有出现的符号在意义和形式上进行相互联系而产出(或输入)的意义模式"(Stöckl,2004:10),或"在设计符号产品或事件中运用多种符号模态并将这些符号模态相互结合而产出的知识构型"(Kress & van Leeuwen,2001:20)。多模态话语研究始于奥图尔的《语言和呈现的艺术》(*The Language of Displayed Art*)(O'Toole,1994)以及克雷斯和范·鲁文的《读图:视觉设计语法》(*Reading Images: The Grammar of Visual Design*)(Kress & van Leeuwen,1996)。张德禄(2023:439)认为,多模态话语是多种符号的表征,涉及文化语境、情景语境、交际意图等多种因素的相互作用,这些符号之间存在着主次、互补、伴生、矛盾、协同等多种关系,多模态话语的意义建构就是实现多种符号系统间的相容协调、动态互补关系,换句话说,不同模态使用不同的资源建构不同的交际意义。这里的模态即符号系统,如图像(如照片、绘画等)、声音(如广播、音乐、歌曲等)、动画、文字、运动(舞蹈、体操、表演、肢体动作等)、视觉修辞等,与媒介和物质实体相区分。

社会场所的再符号化值得我们关注,多模态化是形式化的进程,逐渐形成了具有共识的权力关系、行为方式、人物关系、意识形态,而随着社会发展和新势力的出现,既有的多模态结构会随着组织方式而变化,各种新旧模态间的关系进入一种动态的重塑过程,如语言和言语、听觉方式、视觉方式、空间关系、行为方式等的组合与先后关系发生变化,如新文科、新工科、新医科、新农科等不断涌现的新兴交叉学科和新出现的技术,都在不同程度上影响着学校教育、医疗方式、家庭关系、行政关系等,智能家居、自动驾驶以及逐渐实现的万物互联,都改变着人们认知方式、思维方式和行为方式,随之形成新的多模态符号模式。

以高校课堂为例,教育改革和创新从未停止,不断变化发展的教育理论、学习理论、师生关系、教育伦理、教育手段、教育内容共同构成高校场域的符号多模态和再符号化。以德智体美劳为核心的教育素养不断增加新的要素,如家国情怀、国际视野、批判意识、合作能力、创新能力、创业能力、终身学习能力、信息技术素养等,原来的黑板和课本教学方式发展为多媒体辅助教学、线上线下混合课程、翻转课堂等新的教学方式。多模态符号学课堂要求教师统筹使用言语、文字、图像、身势语、表情、音频、视频等诸多模态,融入心理学、教育学、信息技术、专业知识、价值引导等多模态、多维度、多素质培养方式,"多模态文化的发展影响着教育的改革和创新,多模态不仅是现代课堂教学和教科书的显著特点之一,也是当代生活的基本表达方式"(李战子、陆丹云,2012:5)。因此,多模态符号学研究应进一步探索对视觉、听觉、图文、空间、动作等普遍适用的综合分析框架,以便能准确阐释多模态的整体意义。

《视听翻译:理论、方法和问题》(*Audiovisual Translation : Theories, Methods and Issues*)(Pérez-González,2014)论述了信息化时代视听翻译的理论和工业基础、研究方法,详细分析了多模态文本中语言、声音、音乐、图像的组合原则与阐释方法,提出一种融合性处理策略。

《多模态交际:印刷和数字媒体中文本和图像的社会符号学研究》(*Multimodal Communication : A Social Semiotic Approach to Text and Image in Print and Digital Media*)(Wong,2019)基于克雷斯和范·鲁文的社会符号学理论进一步尝试探究图文融合阅读的机制,读书以汉语文本为例,分析杂志中的广告文本、邮票、电视个人信贷广告、豪华住宅销售广告以及电子照片的多模态构成和表意,以及个人文化和社会身份的一种建构,并分析这些香港广告中所融合的东西方价值观。

《多模态翻译理论与实践研究》(王洪林,2023)从符号学、多模态双重理论视角出发,对网站本地化、绘本翻译、影视字幕翻译等多模态翻译进行了案例分析,探索了视觉多模态翻译的跨模态、跨媒介和跨符号表意行为。例如翻译文本中诗歌与绘画共存,则构成多模态符际翻译;如果将中文诗歌转化为儿歌,同时根据诗歌内容添加插图、音乐或者动画,那就是文化内的跨模态与多模态符际翻译;将中文诗歌转换成英语,并根据诗歌内容添加插图以及其他非语言符号,则属于跨文化的跨模态与多模态符际翻译。

主要参考文献

Arie, V. *Constructions of Intersubjectivity*. Oxford: Oxford University Press, 2005.

Arthur, A. B. Semiotic and society. *Springer Science*, 2014(51): 22-26.

Asher, R. E. *The Encyclopedia of Language and Linguistics*. Oxford: Pergamon Press, 1994.

Baker, M. *Routledge Encyclopedia of Translation Studies*. London, New York: Routledge, 1998.

Baldwin, J. M. *Dictionary of Philosophy and Psychology, Volume 2*. New York, London: The Macmillan Company, 1902.

Barthes, R. *Elements of Semiology*. New York: Jonathan Cape, 1967.

Bernstein, B. *Class, Codes and Control, Volume 2: Applied Studies Towards a Sociology of Language*. London: Routledge & Kegan Paul, 1973.

Blumer, H. *Symbolic Interactionism*. Oakland: University of California Press, 1969.

Brown, K. *Encyclopedia of Language & Linguistics*. Amsterdam: Elsevier, 2006.

Cosculluela, C. Semiotics and translation studies: An emerging interdisciplinarity. *Semiotica*, 2003(1): 105-137.

Deely, J. *Basics of Semiotics*. Nanjing: Nanjing Normal University Press, 2018.

Descartes, R. *Rules for the Direction of the Mind*. Indianapolis: Bobbs-Merrill, 1961.

Eco, U. A. *Theory of Semiotics*. Bloomington: Indiana University Press, 1976.

Eco, U. *Experiences in Translation*. Toronto: University of Toronto Press, 2001.

Føllesdal, D. Semantics and semiotics. In M. L. Dalla Chiara et al. (eds.).

Structures and Norms in Science. Florence: Kluwer Academic Publishers, 1997: 449-457.

Gentzler, E. *Contemporary Translation Theories*. New York: Routledge, 1993.

Gorlée, D. L. *Semiotics and the Problem of Translation : With Special Reference to the Semiotics of Charles S. Peirce*. Amsterdam: Rodopi, 1994.

Gorlée, D. L. *On Translating Signs : Exploring Text and Semio-Translation*. Amsterdam: Rodopi, 2004.

Gorlée, D. L. Metacreation. *Applied Semiotics*, 2010(9): 54-67.

Halliday, M. A. K. *Language as Social Semiotic : The Social Interpretation of Language and Meaning*. Beijing: Foreign Language Teaching and Research Press, 2001.

Harkness, N. Qualia, semiotic categories, and sensuous truth: Rhematics, pragmatics, symbolics. *Estudos Semiotics*, 2022(2): 57-81.

Hartama-Heinonen, Ritva. *Abductive Translation Studies : The Art of Marshalling Signs*. Doctoral dissertation. Imatra, Finland: International Semiotics Institute, 2008.

Hartama-Heinonen, Ritva. Translation studies and the fascination and illusion of multidisciplinarity. *Eletronic Proceedings of the KäTu Symposium on Translation and Interpreting Studies*, 2011(5): 1-15.

Hartama-Heinonen, Ritva. Semiotic-translation-theoretical reverberations revisited. *Sign Systems Studies*, 2012(3/4): 299-318.

Hartama-Heinonen, Ritva. Herding together: On semiotic-translational branches, fields, and disciplines. *Punctum*, 2015(2): 39-52.

Hartama-Heinonen, Ritva. Interpretation is merely another word for translation: A Peircean approach to translation, interpretation and meaning. Retrieved from Helda, the University of Helsinki Digital Repository, at https://helda. helsinki. fi/bitstream/handle/10138/34749/7 _ 08 _ Hartama-Heinonen. pdf? sequence = 1, 2006.

Hatim, B. & Mason, I. *Discourse and the Translator*. London: Longman, 1994.

Hodge, R. , & Kress, G. *Social Semiotics*. Cambridge: Polity Press, 1988.

Hoffmeyer, J. *Signs of Meaning in the Universe*. Bloomington: Indiana University

Press, 1996.

Holmes, J. S. The names and nature of translation studies. In Lawrence Venuti (ed.). *The Translation Studies Reader*. London, New York: Routledge, 2000.

Jakobson, R. On linguistic aspects of translation. In Achilles Fang et al. (eds.). *On Translation*. Cambridge, Mass: Harvard University Press, 1959: 232-239.

James, W. *Pragmatism : A New Name for Some Old Ways of Thinking*. New York: Longmans, Green and Co. , 1922.

Jia H. W. Semiospheric translation types reconsidered from the translation semiotics perspective. *Semiotica*, 2019a (11): 1-25.

Jia H. W. "Foundations of the theory of signs" (1938): A critique. *Chinese Semiotic Studies*, 2019b (1): 1-14.

Kittel, H. et al. *Translation : An International Encyclopedia of Translation Studies*. Berlin and New York: Walter de Gruyter, 2004.

Kourdis, E. & Hartama-Heinonen, R. Translation studies and semiotics. In Jamin Pelkey & Paul Cobley (eds.). *Bloomsbury Semiotics, Volume 4: Semiotic Movements*. London: Bloomsbury Academic, 2023: 143-159.

Kress, G. *Multimodal Teaching and Learning*. London, New York: Continuum, 2001.

Kress, G. *Multimodality : A Social Semiotic Approach to Contemporary Communication*. London: Routledge, 2010.

Kress, G. & van Leeuwen, T. *Reading Images : The Grammar of Visual Design*. London: Routledge, 1996.

Kress, G. & van Leeuwen, T. *Multimodal Discourse : The Modes and Media of Contemporary Communication*. London: Arnold, 2001.

Kristeva, I. *Desire in Language : A Semiotic Approach to Literature and Art*. Oxford: Blackwell, 1969.

Lotman, J. Primary and secondary communication-modeling system. *Soviet Semiotics : An Anthology*. Baltimore, London: The Johns Hopkins University Press, 1977: 95-98.

Lotman, Y. M. The semiosphere. *Soviet Psychology*, 1989(1): 40-61.

Lotman, Y. M. *Universe of the Mind : A Semiotic Theory of Culture*. London: I. B. Tauris, 1990.

主
要
参
考
文
献

Marais, K. A. *(Bio)semiotic Theory of Translation*. New York, London: John Benjamins, 2019.

Marais, K. & Kull, K. Biosemiotics and translation studies: Challenging "translation". In Yves Gambier & Luc van Doorslaer (eds.). *Border Crossings. Translation Studies and Other Disciplines*. Amsterdam: John Benjamins, 2016: 169-188.

Merrell, F. *Signs Grow: Semiosis and Life Processes*. Toronto: University of Toronto Press, 1996.

Mittelberg, I. Peirce's universal categories: On their potential for gesture theory and multimodal analysis. *Semiotica*, 2019(5): 193-222.

Morris, C. W. Foundations of the theory of signs. In Otto Neurath (ed.). *International Encyclopedia of Unified Science*. Illinois: The University of Chicago Press, 1938: 1-59.

Morris, C. W. *Signification and Significance: A Study of the Relations of Signs and Values*. Cambridge, MA.: MIT Press, 1964.

Morris, C. S. *Writings on the General Theory of Signs*. The Hague: Mouton, 1971.

Nida, E. A. *Toward a Science of Translating: With Special Reference to Principles and Procedures Involved in Bible Translating*. Leiden: E. J. Brill, 1964.

Nida, E. A. *Contexts in Translating*. Amsterdam: John Benjamins, 2001.

Nida, E. A. & Waard, J. D. *From One Language to Another: Functional Equivalence in Bible Translation*. New York: Thomas Nelson Publishers, 1986.

Norton, B. Language, identity and the ownership of English. *TESOL Quarterly*, 1997, 31 (3): 409-429.

Oehler, K. An outline of Peirce's Semiotics. In Martin Krampen et al. (eds.). *Classics of Semiotics: Topics in Contemporary Semiotics*. Boston: Springer, 1987: 1-22.

Ogden, C. K. & Richards, I. A. *The Meaning of Meaning: A Study of the Influence of Language upon Thought and of the Science of Symbolism*. New York: Harvest Book, 1946.

O'Halloran, K. L. & Smith, B. A. *Multimodal Studies: Exploring Issues and Domains*. New York, London: Routledge, 2011.

O'Toole, M. *The Language of Displayed Art*. London: Leicester University Press, 1994.

Peirce, C. S. Questions concerning certain faculties claimed for man. *Journal of Speculative Philosophy*, 1868(2): 103-114.

Peirce, C. S. C. S. Peirce's review of *What is Meaning ?*. *The Nation*, 1903 (77): 308-309.

Peirce, C. S. The fixation of belief. *Popular Science Monthly*, 1877(12), 1-15.

Peirce, C. S. How to make our ideas clear. *Popular Science Monthly*, 1878(12): 286-302.

Peirce, C. S. *The Collected Papers of Charles Sanders Peirce*. Vols. I — VI. Charles Hartshorne & Paul Weiss (eds.). Cambridge, MA: Harvard University Press, 1931-1935.

Peirce, C. S. *The Collected Papers of Charles Sanders Peirce*. Vols. VII — VIII. Arthur W. Burks (ed.). Cambridge, MA: Harvard University Press, 1958.

Peirce, C. S. *Writings of Charles S. Peirce*. Vol. 1-8. Bloomington and Indianapolis: Indiana University Press, 1982-2010.

Peirce, C. S. *The Essential Peirce : Selected Philosophical Writings*. Vols. I. Bloomington and Indianapolis: Indiana University Press, 1992.

Peirce, C. S. *The Essential Peirce : Selected Philosophical Writings*. Vols. II. Bloomington and Indianapolis: Indiana University Press, 2021.

Peirce, C. S. *Unpublished Manuscripts. Peirce Edition Project*. Indianapolis: Indiana University-Purdue University.

Peirce, C. S. & Welby, V. *Semiotics and Significs : The Correspondence Between Charles S. Peirce and Victoria Lady Welby*. C. S. Hardwick (ed.). Bloomington, London: Indiana University Press, 1977.

Pelc, J. Semiosis and semiosics vs. semiotics. *Semiotica*, 2000(3/4): 425-434.

Pérez-González, L. *Audiovisual Translation : Theories, Methods and Issues*. London, New York: Routledge, 2014.

Petrilli, S. Semioethics, subjectivity, and communication: For the humanism of otherness. *Semiotica*, 2004(1/4): 69-91.

Petrilli, S. *Signifying and Understanding : Reading the Works of Victoria Welby and the Signific Movement*. Berlin: De Gruyter Mouton, 2009.

Petrilli, S. *Victoria Welby and the Science of Signs : Significs, Semiotics, Philosophy of Language*. New Brunswick, London: Transaction Publishers, 2015.

Posner, R. Preface. In Martin Krampen et al. (eds.) *Classics of Semiotics*. New York: Springer Science + Business Media, 1987: ix-x.

Posner, R. et al. *Semiotik. Ein Handbuch zu den zeichentheoretischen Grundlagen von Natur und Kultur*. Berlin, New York: Walter de Gruyter, 1997—2004.

Proper, K. *Objective Knowledge : An Evolutionary Approach*. Oxford: Clarendon Press, 1972.

Robinson, D. *The Dao of Translation : An East-West Dialogue*. London, New York: Routledge, 2015.

Robinson, D. *Semiotranslating Peirce*. Tartu: University of Tartu Press, 2016.

Salupere, S. & Torop, P. On the beginnings of the semiotics of culture in the light of the theses of Tartu-Moscow school. In Silvi Salupere et al. (eds.). *Beginnings of the Semiotics of Culture*. Tartu: University of Tartu Press, 2013: 15-37.

Schmitz, H. W. Victoria Lady Welby's significs: The origin of the signific movement. In V. Welby (ed.). *Significs and Language*. Amsterdam: John Benjamins, 1985: ix-ccxxxv.

Schmitz, H. W. *Essays on Significs : Papers Presented on the Occasion of the 150th Anniversary of Victoria Lady Welby (1837—1912)*. Amsterdam: John Benjamins, 1990.

Sebeok, T. A. Communication in animals and men. *Language*, 1963 (39): 448-466.

Sebeok, T. A. Ecumenicalism in semiotics. In T. A. Sebeok (ed.). *A Perfusion of Signs*. Bloomington: Indiana University Press, 1977: 180-206.

Sebeok, T. A. *Encyclopedic Dictionary of Semiotics*. Berlin: Mouton de Gruyter, 1994.

Shen, D. Book review for *Semiotics and the Problem of Translation*. *Babel*, 1996 (1): 56-57.

Snell-Hornby, M. *The Turns of Translation Studies : New Paradigms or Shifting Viewpoints?*. Amsterdam: John Benjamins, 2006.

Stecconi, U. Interpretative semiotics and translation theory: The semiotic conditions to translation. *Semiotica*, 2004(1): 471-489.

Stecconi, U. A landmark in the semiotics of translation. *The Translator*, 2008(1): 157-164.

Steiner, G. *After Babel: Aspects of Language and Translation.* New York, London: Oxford University Press, 1975.

Stöckl, H. In between modes: Language and image in printed media. In E. Ventola, C. Charles & M. Kaltenbacher (eds.). *Perspectives on Multimodality.* Amsterdam: John Benjamins, 2004: 9-30.

Sütiste, E. Roman Jakobson and the topic of translation reception in academic reference works. *Sign Systems Studies*, 2008(2): 271-314.

Torop, P. The problem of intext + intertextuality of the poetic text. *Pamiętnik Literacki*, 1991 (2): 236-246.

Torop, P. Semiotics of translation, translation of semiotics. *Russian Literature*, 1994 (4): 427-434.

Torop, P. *Тотальный Перевод.* Tartu: Tartu University Press, 1995.

Torop, P. Towards the semiotics of translation. *Semiotica*, 2000a (3/4): 597-609.

Torop, P. Intersemiosis and intersemiotic translation. *European Journal for Semiotic Studies*, 2000b (1): 71-100.

Torop, P. The possible fate of the semiotics of translation. *Interlitteraria*, 2001 (6): 46-62.

Torop, P. Translation as translating as culture. *Sign Systems Studies*, 2002a (30): 593-605.

Torop, P. Re-reading of Cultural Semiotics. *Sign Systems Studies*, 2002b (2): 395-404.

Torop, P. Translation as a working principle of culture. *Reality and Subject*, 2002c (1): 15-18.

Torop, P. Methodological remarks on the study of translation and translating. *Semiotica*, 2007(4): 347-364.

Torop, P. Translation and semiotics. *Sign Systems Studies*, 2008a (2): 253-257.

Torop, P. Translation as communication and autocommunication. *Sign Systems*

主要参考文献

Studies, 2008b (2): 375-397.

Torop, P. Cultural semiotics. In Farzad Sharifian (ed.). *The Routledge Handbook of Language and Culture*. London, New York: Routledge Taylor & Francis Ltd., 2015: 170-180.

Torop, P. & Osimo, B. Historical identity of translation: From describability to translatability of time. *Trames: A Journal of the Humanities and Social Sciences*, 2010 (4): 383-393.

Torres-Martínez, S. Semiosic translation: A new theoretical framework for the implementation of pedagogically-oriented subtitling. *Sign Systems Studies*, 2015(1): 102-130.

Toury, G. Communication in translated texts: A semiotic approach. In Gideon Toury (ed.). *In Search of a Theory of Translation*. Tel Aviv: Porter Institute, 1980: 11-18.

Toury, G. Translation: A cultural-semiotic perspective. In T. A. Sebeok (ed.) *Encyclopedic Dictionary of Semiotics*. Berlin, New York, Amsterdam: Mouton de Gruyter, 1986: 1111-1124.

Toury, G. *Descriptive Translation Studies and Beyond*. Amsterdam, Philadelphia: John Benjamins, 1995.

von Frisck, K. *Bees: Their Vision, Chemical Sense and Language*. New York: Cornell University Press, 1950.

van Leeuwen, T. *Speech, Music, Sound*. Cambridge: Macmillan Education, 1999.

Welby, V. *Grains of Sense*. London: J. M. Dent & Co., 1897.

Welby, V. *Significs and Language*. London: Macmillan and Co, 1911.

Welby, V. *Echoes of Larger Life*. London: Jonathan Cape, 1929.

Welby, V. *What Is Meaning? Studies in the Development of Significance*. Amsterdam: John Benjamins, 1983.

Welby, V. Meaning and metaphor. In Susan Petrilli (ed.). *Signifying and Understanding: Reading the Works of Victoria Welby and Signific Movement*. Berlin: De Gruyter Mouton, 2009a.

Welby, V. Sense, meaning and interpretation. In Susan Petrilli(ed.). *Signifying and Understanding: Reading the Works of Victoria Welby and Signific Movement*.

Berlin: De Gruyter Mouton, 2009b.

Wong, M. *Multimodal Communication : A Social Semiotic Approach to Text and Image in Print and Digital Media*. Macmillan: Palgrave, 2019.

Бархударов, Л. С. *Язык и Перевод*. Москва: Международные отношения, 1975.

Лотман, Ю. М. О *Семиосфере*. *Sign Systems Studies*, 1984(17): 5-23.

Лотман, Ю. М. *Семиосфера*. Санкт-Петербург: Искусство, 2000.

Лотман, Ю. М. *Статьи ПО Семиотике Культуры И Искусства*. Спб.: Академический Проект, 2002.

Степанов, Ю. С. *Методы И Принципы Современной Лингвистики*. Москва: Эдиториал УРСС, 2001.

阿里维. 符号学的近况和问题. 复印报刊资料,1983(2):15-19.

巴赫金. 巴赫金全集 第4卷 文本、对话与人文. 钱中文,主编,白春仁,等译. 石家庄:河北教育出版社,1998.

巴特. 符号学原理. 李幼蒸,译. 北京:人民大学出版社,2008.

波亨斯基. 论数理逻辑. 周熙良,译. 现代外国哲学社会科学文摘,1959(7):17-22.

蔡新乐. 语内翻译与语际翻译的比较. 外国语(上海外国语大学学报),2000(2):55-61.

蔡新乐. 翻译的本体论研究:翻译研究的第三条道路、主体间性与人的元翻译构成. 上海:上海译文出版社,2005.

蔡新乐. 自我翻译:行走在翻译"间性"之上的思想家的苏格拉底简论. 上海翻译,2008(1):10-16.

蔡新乐. 翻译哲学导论:《荷尔德林的赞美诗〈伊斯特〉》的阴阳之道观. 南京:南京大学出版社,2016.

曹磊. 翻译的修辞符号视角研究. 上海:世界图书出版公司,2013.

陈大亮. 翻译研究:从主体性向主体间性转向. 中国翻译,2005(2):3-9.

陈宏薇. 社会符号学翻译法研究. 青岛海洋大学学报(社会科学版),1996a(3):88-93.

陈宏薇. 新实用汉译英教程. 武汉:湖北教育出版社,1996b.

陈宏薇. 汉英翻译基础. 上海:上海外语教育出版社,1998.

陈宏薇. 符号学与文学翻译研究. 外国文学研究,2003(1):11-15,170.

陈吉荣. 翻译的默认值、参照点与体验性——论"语内翻译"与"语际翻译"的差异与共性. 外语学刊, 2017(1): 85-90.

陈建中. 诗歌翻译中的模仿与超模仿. 外语教学与研究, 1995(1): 8-13.

陈时龙. 明太祖六谕的经典化、通俗化与图像化. 中国社会科学报, 2023-11-07(07).

陈燮君. 学科学导论: 学科发展理论探索. 上海: 上海三联书店, 1991.

陈宗明. 汉字符号学: 一种特殊的文字编码. 南京: 江苏教育出版社, 2001.

陈宗明. 汉字符号学: 一种特殊的文字编码. 上海: 东方出版中心, 2016.

池上嘉彦. 符号学入门. 张晓云, 译. 北京: 国际文化出版公司, 1985.

戴春玲. 交通公示语图文关系的多模态研究: 符际翻译视角. 无锡: 江南大学硕士学位论文, 2020.

杜玉生, 何三宁. 复杂性思维与翻译理论创新. 湖北大学学报(哲学社会科学版), 2010(3): 119-122.

方梦之. 跨学科创学之成败得失——66种跨学科的翻译学鸟瞰. 外国语(上海外国语大学学报), 2023(2): 79-87.

费国萍. 符号学在翻译领域的历史性扩展. 南京: 南京师范大学硕士学位论文, 2003.

费斯克. 传播研究导论: 过程与符号. 许静, 译. 北京: 北京大学出版社, 2008.

冯光武. 语言转向和语言关怀. 外语学刊, 2012(5): 2-8.

冯全功. 从实体到关系——翻译研究的"间性"探析. 当代外语研究, 2012(1): 48-52, 64.

冯全功. 翻译是一种符号转换活动——关于翻译定义的若干思考. 中国翻译, 2022(3): 11-19.

冯月季. 传播符号学教程. 重庆: 重庆大学出版社, 2016.

福柯. 知识考古学. 谢强, 马月, 译. 北京: 生活·读书·新知三联书店, 2003.

傅玢. 能指的原文 所指的译文——翻译作为一种精神活动. 中国翻译, 1989(2): 6-9.

傅莉莉. 符际翻译视角下的儿童绘本翻译. 北京第二外国语学院学报, 2016(3): 61-73.

格雷. 元创作. 贾洪伟, 译. 语言符号通讯, 2015(1): 89-124.

格雷. 符号学与翻译问题研究——以皮尔士符号学为纲. 贾洪伟, 译. 天津:

南开大学出版社,2019.

格雷. 翻译符号学初探——格雷论文选析. 贾洪伟,译. 天津:南开大学出版
社,2020.

格雷马斯. 符号学与社会科学. 徐伟民,译. 天津:百花文艺出版社,2009.

谷容林. 戏剧符号学视域下的剧本世界. 北京:中央编译出版社,2019.

顾曰国. 多模态感官系统与语言研究. 当代语言学,2015(4):448-469.

郭鸿. 现代西方符号学纲要. 上海:复旦大学出版社,2008.

郭鸿. 语言符号学研究论集. 北京:北京大学出版社,2021.

郭建中. 当代美国翻译理论. 武汉:湖北教育出版社,1999.

哈贝马斯. 交往行为理论:行为合理性与社会合理化. 曹卫东,译. 上海:上海
人民出版社,2004.

何家驹. 社会·意义·功能——社会符号翻译法的核心. 嘉应学院学报,
1999(2):74-76.

何一杰. 度量噪音:皮尔斯符号类型与噪音关系的探讨. 符号与传媒,2020
(1):88-103.

赫维. 符号学的前景. 国外社会科学著作提要,1985(2):38-41.

洪林. 符号学视角下的跨界翻译研究. 杭州:浙江大学出版社,2020.

胡一伟. 戏剧符号学教程. 成都:四川大学出版社,2020.

胡以鲁. 国语学草创. 太原:山西人民出版社,2014.

胡易容. 图像符号学:传统景观世界的图式把握. 成都:四川大学出版
社,2014.

胡壮麟. 社会符号学研究中的多模态化. 语言教学与研究,2007(1):1-10.

怀予. 法国符号学研究论集. 北京:北京大学出版社,2019.

黄立鹤,张德禄. 多核并行架构:多模态研究的范式、路径及领域问题之辨.
外语教学,2019(1):21-25.

黄亚平. 典籍符号与权力话语. 北京:中国社会科学出版社,2004.

黄亚平,孟华. 汉字符号学. 上海:上海古籍出版社,2001.

黄忠廉,李正林. 翻译批评体系符号学考量. 外语教学,2015(4):95-97,113.

霍克斯. 结构主义和符号学. 瞿铁鹏,译. 上海:上海译文出版社,1987.

霍奇,克雷斯. 社会符号学. 周劲松,张碧,译. 成都:四川教育出版社,2012.

贾洪伟. 从符号学的语义观看文化翻译之文学语言. 哈尔滨:黑龙江大学硕

士学位论文,2005.

贾洪伟. 国外语义学在中国的传播与影响. 上海:上海交通大学出版社,2014.

贾洪伟. 翻译符号学的概念. 外语教学,2016a(1):94-97.

贾洪伟. 建立翻译符号学的可能性. 山东外语教学,2016b(3):90-100.

贾洪伟. 雅可布森三重译域之翻译符号学剖析. 解放军外国语学院学报,
    2016c(5):11-18.

贾洪伟. 1949年以前中国的符号学研究. 语言与符号,2016d(1):63-69.

贾洪伟. 间隙弥合——古希腊经典翻译之符号学解读. 外文研究,2017a(1):
    70-75.

贾洪伟. 汉译国外普通语言学典籍研究(1906—1949). 北京:首都师范大学
    出版社,2017b.

贾洪伟. 有关许渊冲翻译理论的翻译符号学思考. 中国文化研究,2017c(3):
    154-160.

贾洪伟. 翻译跨学科之悖论. 燕山大学学报(哲学社会科学版),2017d(4):
    28-31.

贾洪伟. 论翻译符号学的符号分类与转换. 山东外语教学,2018a(1):
    111-118.

贾洪伟. 翻译符号学的信念界定问题. 燕山大学学报(哲学社会科学版),
    2018b(4):60-65.

贾洪伟. 有关翻译符号学的思考——格雷《元创作》译后感悟. 翻译论坛,
    2018c(3):26-32.

贾洪伟. 翻译符号学概念的确定性与符指过程之本质. 译苑新谭,2019a(1):
    13-19.

贾洪伟. 人在符号转换中的作用——对皮尔士与格雷翻译符指过程的批判与
    建构. 翻译界,2019b(1):70-81.

贾洪伟. 哲学实效论与翻译符号学. 苏州:苏州大学出版社,2019c.

贾洪伟. 翻译符号学视角下的施佩特符号学思想研究. 俄罗斯文艺,2019d(1):
    129-136.

贾洪伟. 翻译符号学的三域问题剖析. 天津外国语大学学报,2020a(1):98-
    109,160-161.

贾洪伟. 符指翻译的本质. 燕山大学学报(哲学社会科学版),2020b(4):

43-51.

贾洪伟. 翻译符号学初探——格雷论文选析. 天津:南开大学出版社,2020c.

蒋立珠. 从文化符号学看翻译研究//耿龙明. 翻译论丛. 上海:上海外语教育出版社,1998:343-350.

蒋梦莹,孙会军. 符际翻译与后翻译研究视角下的中国当代文学对外传播——从《妻妾成群》到《大红灯笼高高挂》. 外语教学,2018(5):90-94.

蒋骁华. 符号学翻译研究——文学语言的理据及其再造. 北京:北京大学博士学位论文,1996.

蒋骁华. 符号学翻译研究——文学语言的理据及其再造. 北京:外语教学与研究出版社,2003.

金克木. 谈符号学. 读书,1983(5):68-77.

金微. 能指与所指的困惑. 中国翻译,1990(4):6-9.

卡西尔. 语言与神话. 于晓,译. 上海:上海译文出版社,1988.

卡西尔. 人论. 甘阳,译. 上海:上海译文出版社,2004.

康澄. 文本——洛特曼文化符号学的核心概念. 当代外国文学,2005(4):41-49.

科布利. 劳特利奇符号学指南. 张劲松,赵毅衡,译. 南京:南京大学出版社,2013.

柯平. 文化差异和语义的非对应. 中国翻译,1988(1):9-15.

柯平. 英汉与汉英翻译教程. 北京:北京大学出版社,1993.

寇福明,吕红周. 从符号学看翻译. 外语教学,2017(2):91-94.

库尔. 环境界与模塑//科布利. 劳特利奇符号学指南. 张劲松,赵毅衡,译. 南京:南京大学出版社,2013:46-61.

旷剑敏. 从译者的主体性到翻译的主体间性//国际译联第四届亚洲翻译家论坛论文集. 2005:188-191.

蓝红军. 作为理论与方法的知识翻译学. 当代外语研究,2022(2):34-44.

李安宅. 意义学. 北京:商务印书馆,1934.

李广荣. 论翻译中的等值——一种社会符号学的方法. 中国科技翻译,1994(1):1-7.

李妙晴. 电影改编:另类的符际翻译——以《色·戒》为例. 电影文学,2008(1):57-58.

李明. 社会符号学的历史渊源及其翻译原则. 上海科技翻译, 1997(4):6-10.

李明. 语际翻译的社会符号学理论. 上海:上海外国语大学博士学位论文, 2000.

李妮. 国外翻译符号学的回顾、述评与启示//商务翻译(大连大学论文专集). 2020:5-12.

李斯卡. 皮尔斯:论符号. 赵星植, 译. 成都:四川大学出版社, 2014.

李思屈. 广告符号学. 成都:四川大学出版社, 2004.

李锡胤. 关于文学翻译的思考. 中国翻译, 1989(3):7-8.

李延揆. 略论罗朗·巴尔特的符号学. 法国研究, 1986(4):89-96.

李尤. 社会符号学翻译法指导下的 *The Hunter's Wife* 翻译实践报告. 武汉:华中师范大学硕士学位论文, 2014.

李战子, 陆丹云. 多模态符号学:理论基础,研究途径与发展前景. 外语研究, 2012(2):1-8.

连甫. 你身边的符号——符号学入门. 哈尔滨:黑龙江人民出版社, 1997.

梁建东. 文化间性、跨文化文学重写与翻译. 江苏大学学报(社会科学版), 2013(4):100-103.

梁晓鹏. 从敦煌石窟艺术看符际翻译. 敦煌研究, 2012(5):39-45.

廖七一. 范式的演进与翻译的界定. 中国翻译, 2015(3):16-17.

林书武. 奈达的翻译理论简介. 国外语言学, 1981(2):1-7.

林信华. 作为语言与社会之联结的符号学. 哲学与文化, 1974(1):56-74.

林信华. 社会符号学. 上海:东方出版中心, 2011.

凌继尧. 洛特曼和苏联的艺术符号学. 南京大学学报(哲学·人文科学·社会科学), 1986(4):39-46.

刘军平. 西方翻译理论通史. 武汉:武汉大学出版社, 2009.

刘英凯. 符号学与翻译札记. 深圳大学学报(人文社会科学版), 1989(1):56-63.

卢怀丹. 符号学. 国外社会科学文摘, 1984(9):62-63.

路景菊. 社会符号学翻译理论视角下的英语电影片名翻译. 电影文学, 2007(17):74-75.

陆蓉. 现代商业电视广告的翻译策略. 苏州:苏州大学硕士学位论文, 2005.

罗金. 符号学与翻译研究:雅各布森符号翻译观载探. 符号与传媒, 2019

（19）:186-199.

罗进德. 略论符号学的翻译观. 中国翻译,1988(1):6-9.

罗选民. 互文性与翻译. 香港:岭南大学博士学位论文,2006.

罗选民. 序//潘琳琳. 翻译符号学视阈下的《红高粱》文本阐释. 苏州:苏州
　　大学出版社,2018.

洛特曼. 艺术文本的结构. 王坤,译. 广州:中山大学出版社,2003.

洛特曼. 文本运动过程——从作者到读者,从作者到文本. 彭佳,译. 符号与
　　传媒,2011(21):194-210.

吕红周. 索绪尔的语言系统观研究. 外语学刊,2010(4):57-60.

吕红周. 隐喻生成机制的符号学研究. 西安外国语大学学报,2012(2):
　　44-47.

吕红周. 从翻译符号学看中央文献术语俄译的策略. 天津外国语大学学报,
　　2015(5):14-22.

吕红周. 符号·语言·人:语言符号学引论. 天津:南开大学出版社,2016.

吕红周. 从翻译符号学看杨柳青木版年画外译. 湖州师范学院学报,2022
　　(9):102-110.

吕红周,单红. 语言符号的主体性反思. 天津外国语大学学报,2013(1):19-24.

吕红周,单红. 彼得·特洛普的翻译符号学观. 解放军外国语学院学报,2016(5):
　　33-39.

吕红周,单红. 从翻译符号学看新时期外宣翻译. 中国科技翻译,2018a(2):
　　44-46.

吕红周,单红. 间性研究的符号学进路. 山东外语教学,2018b(1):119-126.

吕红周,单红. 符号学视域下彼得·特洛普的文本翻译思想. 燕山大学学报
　　(哲学社会科学版),2018c(4):66-70.

吕红周,王铭玉. "翻译符号学"的名与实. 翻译学刊,2023(2):213-230.

吕俊. 对翻译学构建中几个问题的思考. 中国翻译,2001(4):6-9.

吕俊. 文学翻译的符号学特征//刘重德. 英汉语比较与翻译 1. 上海:上海外
　　语教育出版社,2006:398-408.

麦奎尔. 麦奎尔大众传播理论. 崔保国,李琨,译. 北京:清华大学出版社,2010.

毛丹青. 符号学的起源. 新兴学科,1987(2):73-75.

莫兰. 复杂思想:自觉的科学. 陈一壮,译. 北京:北京大学出版社,2001.

莫兰. 复杂性理论与教育问题. 陈一壮, 译. 北京: 北京大学出版社, 2004.

莫兰. 复杂性思想导论. 陈一壮, 译. 上海: 华东师范大学出版社, 2008.

莫里斯. 指号、语言和行为. 罗兰, 周易, 译. 上海: 上海人民出版社, 1989.

牟立群. 从"以画言事"到"以言行事"——政治漫画翻译补偿研究. 武汉: 武汉科技大学硕士学位论文, 2010.

潘琳琳. 翻译符号学的文本阐释模式. 外国语文, 2018a(3): 119-127.

潘琳琳. 翻译符号学观照下文本再生中思想意识的变异. 符号与传媒, 2018b(2): 223-233.

潘琳琳. 翻译符号学视阈下的《红高粱》文本阐释. 苏州: 苏州大学出版社, 2018c.

潘琳琳. 符号学与翻译学研究的共振——道格拉斯·罗宾逊教授访谈录. 西安外国语大学学报, 2021(1): 89-93.

潘文国. 许老, 译之时者也. 山西大同大学学报(社会科学版), 2017(2): 3-7.

潘文国. 翻译研究的新突破. 外语电化教学, 2023(1): 7-10.

彭勇穗. 语像翻译策略及跨文化跨媒介操纵——跨文化语像翻译初探. 解放军外国语学院学报, 2013(4): 84-88 + 128.

普里戈金. 从混沌到有序: 人与自然的诉对话. 曾庆宏, 沈小峰, 译. 上海: 上海译文出版社, 2005.

齐隆壬. 电影符号学. 上海: 东方出版中心, 2013.

钱锺书. 钱锺书散文. 杭州: 浙江文艺出版社, 1997.

饶广祥. 广告符号学. 成都: 四川大学出版社, 2014.

沈家煊. ChatGPT, 赵元任, 新文科——一个语言学家的思考. 中国语言战略, 2023(1): 1-15.

隋然. 符号学翻译观与文化翻译学. 外语与外语教学, 1994(增刊): 35-39.

孙凤. 维尔比夫人表意学理论研究. 济南: 山东大学博士学位论文, 2019.

孙正聿. 哲学修养十五讲. 北京: 北京大学出版社, 2004.

索绪尔. 普通语言学教程. 高名凯, 译. 北京: 商务印书馆, 1980.

陶李春, 张柏然. 对当前翻译研究的观察与思考——张柏然教授访谈录. 中国翻译, 2017(2): 66-71.

特洛普. 走向翻译符号学. 贾洪伟, 译. 语言与符号, 2017(2): 99-110.

童斌. 日本的符号学研究. 国外社会科学, 1982(5): 65-67.

佟颖. 翻译动机的社会符号学诠释. 解放军外国语学院学报,2016a(5):
　　19-25.

佟颖. 社会符号学翻译模式研究. 天津:南开大学出版社,2016b.

佟颖,王铭玉. 翻译符号学视域下的符号守恒. 山东外语教学,2018(1):
　　100-110.

瓦尔. 皮尔士. 郝长墀,译. 北京:中华书局,2003.

王晨爽,文军. 电影改编的符际翻译研究——以《喜福会》的心理描写为例.
　　中国外语,2016(2):103-111.

王洪林. 符号学视角下的跨界翻译研究. 杭州:浙江大学出版社,2020.

王洪林. 多模态翻译理论与实践研究. 杭州:浙江大学出版社,2023.

王洪涛. "社会翻译学"研究:考辨与反思. 中国翻译,2016(4):6-13.

王丽娟. 中国符号学翻译研究综述. 重庆与世界(学术版),2013(7):60-62.

王丽娟. 社会符号学翻译法视域下《红楼梦》中仿拟辞格英译探析. 兰州:西
　　北师范大学硕士学位论文,2014.

王铭玉. 语言符号学. 北京:高等教育出版社,2004.

王铭玉. 语言文化研究的符号学观照. 中国社会科学,2011(3):157-169,223.

王铭玉. 翻译符号学刍议. 中国外语,2015(5):21-23.

王铭玉. 翻译符号学的学科内涵. 解放军外国语学院学报,2016(5):1-10,18.

王铭玉. 符号学论略. 北京:北京大学出版社,2020.

王铭玉,任伟. 从语言符号学到翻译符号学——王铭玉教授访谈录. 外语研
　　究,2017(6):25-30.

王铭玉,等. 现代语言符号学. 北京:商务印书馆,2013.

王铭玉,等. 符号学思想论. 北京:商务印书馆,2021.

王铭玉,康喆文. 符号体认的多模态表达——以儿童文学绘本《咕噜牛》中英
　　文版本为例. 中国外语,2022(6):31-37.

王宁,刘辉. 从语符翻译到跨文化图像翻译:傅雷翻译的启示. 中国翻译,
　　2008(4):28-33.

王新朋,王铭玉. 雅各布森六功能之翻译符号学剖析. 山东外语教学,2022
　　(4):125-133.

王玉昌. 符号学. 理论观察,1986(4):83-85.

王治江,等. 翻译的符号学单位. 河北理工大学学报(社会科学版),2007(3):

172-175.

维尔比. 维尔比夫人与表意学:符号学的形成. 宋文,薛晨,译. 成都:四川大学出版社,2019.

魏姝. 国内符际翻译研究透视. 北京邮电大学学报(社会科学版),2013(5):92-100.

吴平. 《骆驼祥子》译本封面的多模态符际翻译研究. 浙江大学学报(人文社会科学版),2020(3):144-152.

吴秀秀. 从语义学的角度——谈奈达新的翻译理论. 龙岩师专学报,1987(3):118-125.

西蒙. 司汤达的符号学. 国外社会科学文摘,1983(2):47-51.

肖峰. 从哲学看符号. 北京:中国人民大学出版社,1989.

谢拜奥克. 符号学的起源与发展. 国外社会科学,1981(5):61-65.

谢天振. 现行翻译定义已落后于时代的发展——对重新定位和定义翻译的几点反思. 中国翻译,2015(3):14-15.

徐增敏. 电影符号学与符号学:关于电影符号的若干性质. 当代电影,1986(4):65-73.

许钧. 翻译的主体间性与视界融合. 外语教学与研究,2003(4):290-295.

许钧. 从国家文化发展的角度谈谈翻译研究和学科建设问题. 中国翻译,2012(4):5-6.

许钧,穆雷. 中国翻译学研究 30 年(1978—2007). 外国语,2009(1):77-87.

杨星映. 巴赫金"主体间性"思想解读. 重庆师范大学学报(哲学社会科学版),2011(5):60-65.

余红兵. 谈谈现代西方符号学的核心概念:semiosis. 俄罗斯文艺,2014(2):105-110.

曾大伟. 试论符号学文论和接受理论在教学上的应用. 外国语,1987(6):31-35.

张德禄. 多模态话语建构中的模态融合模式研究. 现代外语,2023(4):439-451.

张法. 20 世纪的哲学难题:符号世界的发现及其后果. 中国人民大学学报,2001(4):31-36.

张杰. 文学符号王国的探索:方法与批评. 北京:北京大学出版社,2021.

张黎. 以语言为主体的符号学. 学习与探索,1987(5):92-97.

张良林. 米德对莫里斯符号学的影响. 西南交通大学学报(社会科学版),
　　2011(5):1-7.

张西平. 中国文化走向世界的话语转换——许渊冲翻译理论研究. 文化软实
　　力研究,2017(3):37-40.

张亚非. 符号结构、文化差异、语际翻译. 中国翻译,1988(1):16-19.

张泽乾. 翻译断想. 语言与翻译,1988a(1):14-17.

张泽乾. 翻译断想(续). 语言与翻译,1988b(2):27-30.

赵爱国. 俄罗斯符号学研究范式的百年流变. 北京:北京大学出版社,2021.

赵海燕,王振华. 律师身份的多模态符际建构. 现代外语,2022(5):597-610.

赵星植. 皮尔斯与传播符号学. 成都:四川大学出版社,2017.

赵毅衡. 重新定义符号与符号学. 国际新闻界,2013(6):6-14.

赵毅衡. 符号学:原理与推演. 南京:南京大学出版社,2011.

赵毅衡. 感觉质与呈符化:当今符号美学的"新感性"趋势. 符号与传媒,2023(1):
　　5-21.

赵元任. 符号学大纲. 科学,1926(5):571-592.

郑伟波. 从符号学角度看翻译等值的限度. 中国翻译,1988(1):20-21.

郑文东. 文化符号域理论研究. 武汉:武汉大学出版社,2007.

周蒲芳,杨小洪. 诗歌语言的符号层面及对翻译的阻抗. 外国语(上海外国语
　　大学学报),1997(2):62-69.

朱永生. 多模态话语分析的理论基础与研究方法. 外语学刊,2007(5):
　　82-86.

竹珺. 符际翻译和功能翻译理论视角下漫画翻译——《养蜂漫画》翻译实践
　　报告. 南京:南京大学硕士学位论文,2019.

祝东. 先秦符号思想研究. 成都:四川大学出版社,2014.

祝东. 中国文化符号学关键词. 北京:社会科学文献出版社,2023.

祝东,等. 中国古代符号思想史论. 北京:科学出版社,2021.

宗争. 游戏学:符号叙述学研究. 成都:四川大学出版社,2014.

宗争,梁昭. 民族符号学论文集. 北京:中国社会科学出版社,2018.